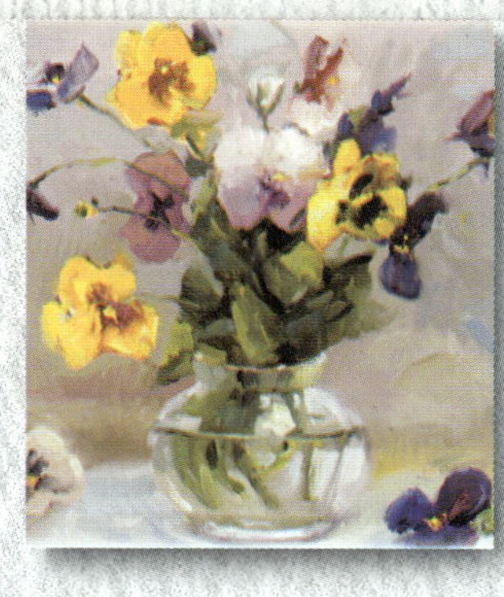

# Óleo 1

**La belleza y versatilidad de la pintura al óleo** han cautivado artistas de todas edades y habilidades a través de los años. El óleo es un medio apropiado para cualquier estilo de pintura, desde el detalle y precisión del realismo hasta los trazos gruesos y libres del expresionismo. Además, sin importar si aplica glaseados transparentes o aplica deliciosos colores con una espátula de pintor, la apariencia del óleo es rica y la experiencia es enriquecedora. En las siguientes páginas ofrezco al pintor novato las bases del color, el manejo y diseño de los pinceles, y algunos de mis propios consejos. Mi objetivo no es hacerlo pintar exactamente como yo lo hago, sino inspirarlo a que pinte sus propias obras de arte. Lo único que necesita es el deseo y la práctica para darse cuenta cuan sencillo (e indulgente) es la pintura al óleo. Le deseo éxito y placer en esta travesia. —*Robert Moore*

## CONTENIDO



Walter Foster

# Selección de Materiales

EL ENTUSIASMO COMIENZA cuando veo la vasta selección de materiales para artista, tanto en mi tienda local como en catálogos. No importa que género de producto usted esté buscando, yendo y viniendo entre los escaparates; lo más recomendable, a mi juicio, es procurarse los productos de mejor calidad. Duran más y sus resultados superan largamente a los de "presupuesto económico". Así pues, he escogido algunos de estos materiales, imprescindibles para nuestra sesión inicial de pintura al óleo. Si desea más información sobre el punto, por favor consiga un ejemplar de *Oil Painting Materials and Their Uses,* escrito por William F. Powell.

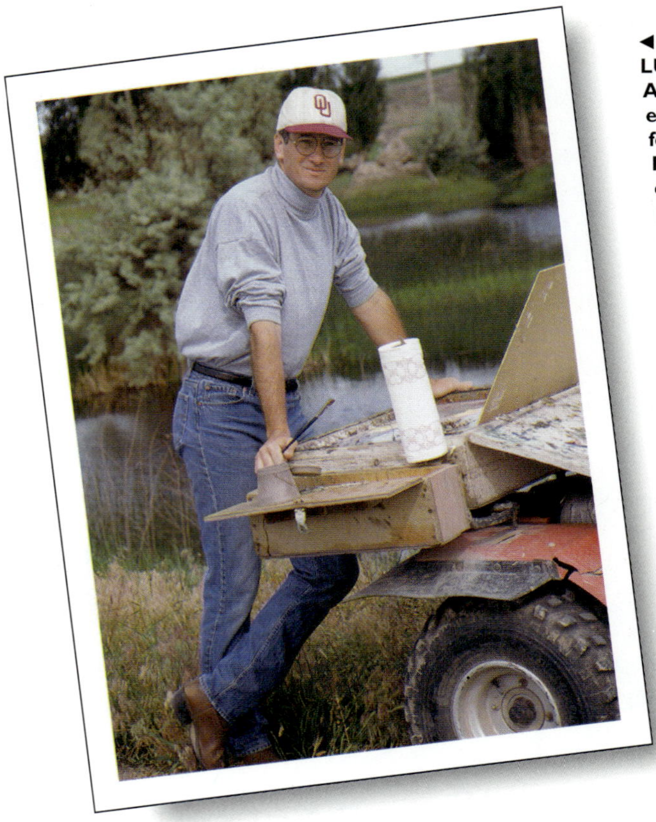

**◄ ESTABLECER UN LUGAR DE TRABAJO** A menudo pinto en exteriores, como esta foto bien lo muestra. Pero cuando éste no es el caso, y me hallo puertas adentro, al menos trato de procurarme un sitio lo suficientemente cómodo para trabajar. Ojalá bien iluminado, provisto de la ventilación necesaria y con un entorno "a prueba de niños", tal sitio se hace insuperable teniendo cerca una buena taza de café. Por supuesto, es de recordar que óleos y diluyentes son de naturaleza tóxica. ¡Cuide de no mezclar nada esto en sus bebidas!

## Escogiendo Colores

En cuanto a calidad, existen dos variedades de óleo en tubo: para estudiantes y para artistas. Coja los de esta última especificación; contienen pigmentos más refinados y tienen menores aditivos. Valen el dinero extra que paga por ellos, pues sus colores despliegan mayor intensidad y son tanto más duraderos. Podría fácilmente hacerme con docenas de colores; sin embargo, algunas de mis más satisfactorias pinturas han sido realizadas con sólo media docena o algo así.

**▼ MI PALETA** Suelo emplear un cuadro de vidrio templado, grueso, con bordes aptos. Tengo el hábito de dejar mis pinturas sobre el borde de la paleta, siempre en un mismo orden, de manera que no pueda dudar sobre la identidad de los colores. El vidrio se limpia con escasa dificultad, echando mano a cualquier paño removedor ordinario.

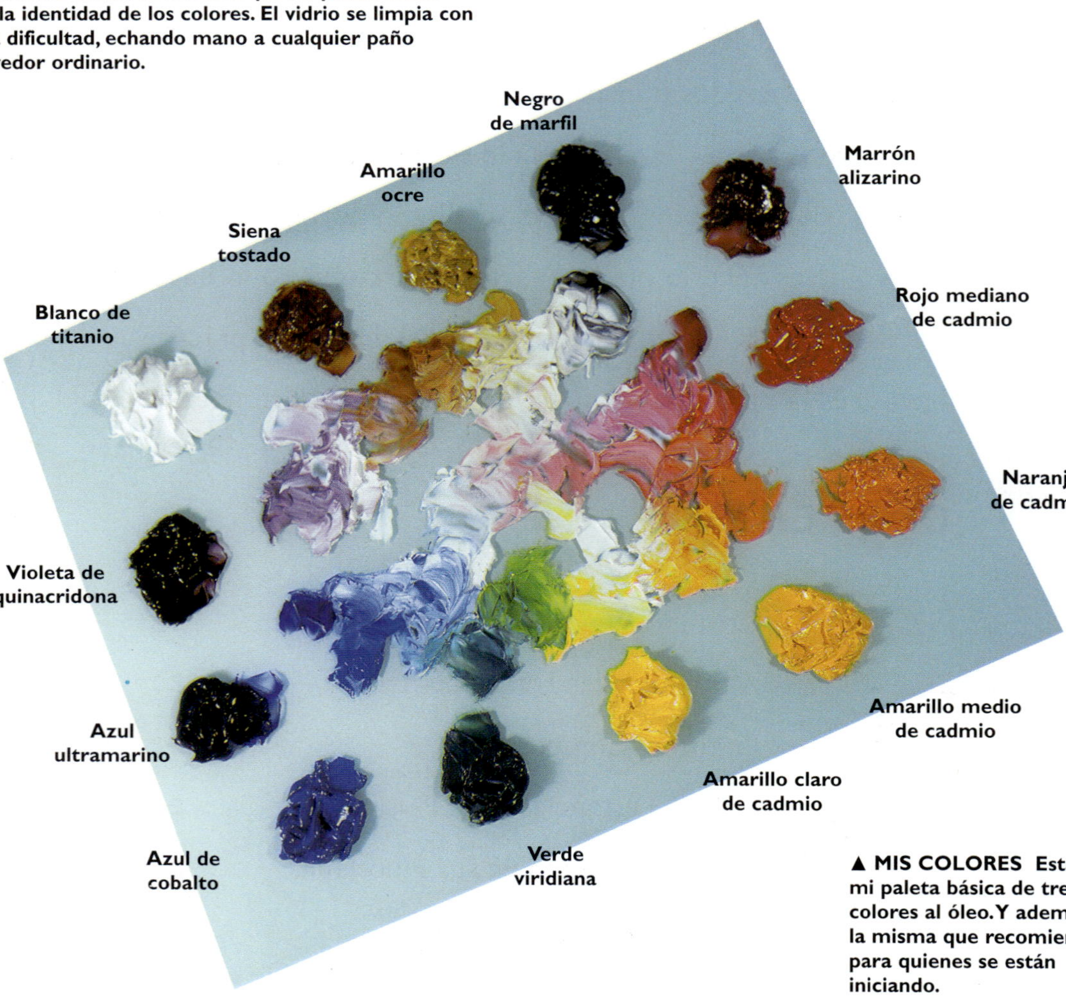


**▲ MIS COLORES** Esta es mi paleta básica de trece colores al óleo. Y además, la misma que recomiendo para quienes se están iniciando.

## Eligiendo Soportes

El material sobre el cual va a trazar sus primeras pinceladas se llama *soporte*. Desde luego, éste puede ser de casi cualquier cosa: tela, papel, madera y aun metal. Pero eso no es todo. Antes de pintar, usted tiene que preparar el soporte, sirviéndose de una sustancia de imprimación (con tal de proveer al óleo una superficie adonde adherirse) y asimismo de algún tipo de sellador, de manera que la pintura no termina por erosionar al propio soporte. A aquellos que recién empiezan, no obstante, les sugiero comprar un lienzo ya preparado y tensado en su respectivo bastidor. ¡Tomando este atajo, usted podrá ponerse a trabajar mucho más pronto!

## Preparando Su Propio Soporte

Es fácil y económico preparar su propio soporte. Yo uso paneles de madera aglomerada, de un octavo de pulgada, lo cual parece ser el tipo standard en bodegas de carpintería. (Sin embargo, cuando mis pinturas exceden las dimensiones de 16 x 20, entonces empleo paneles de un cuarto de pulgada.) No menos necesario, por lo demás, resulta el yeso a base de polímeros, gesso. Dos o tres manos de él cumplen a un tiempo la función de enlucir y sellar. Sin duda, usted lo encontrará en cualquier tienda de arte.

Primero repaso la superficie con un papel de lija, hasta que el brillo desaparezca. Enseguida aplico una delgada capa de gesso, imprimiendo brochazos horizontales, y luego espero a que ésta se asiente por unos veinte minutos. Una vez seca el área en cuestión, doy una segunda mano, ahora más gruesa y con trazos verticales. Con ella obtengo, al poco andar, una cierta sensación de textura.

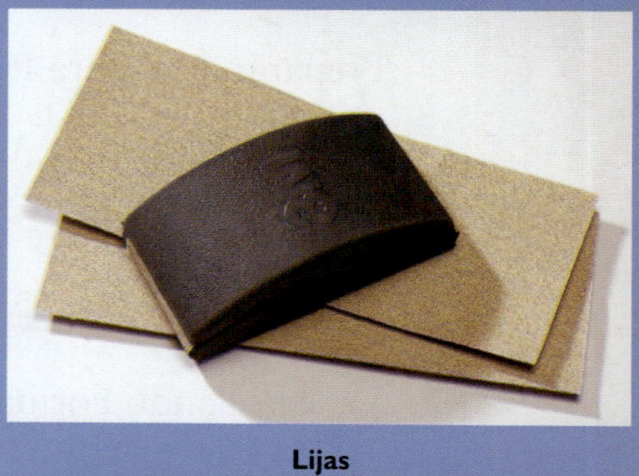

Lijas

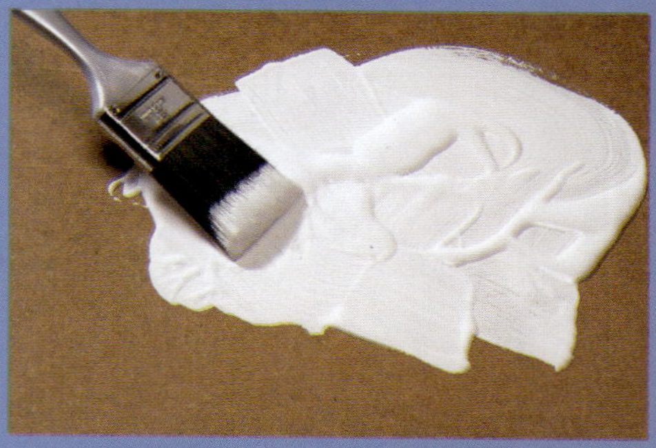

Gesso

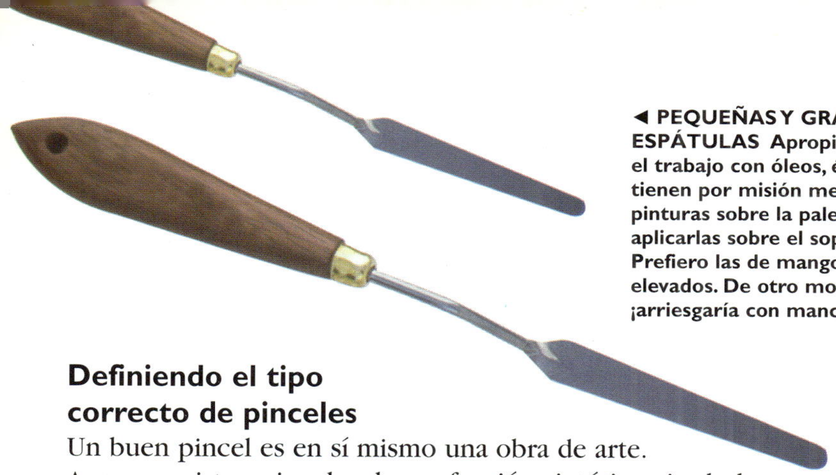

◀ **PEQUEÑAS Y GRANDES ESPÁTULAS** Apropiadas para el trabajo con óleos, éstas tienen por misión mezclar las pinturas sobre la paleta y aun aplicarlas sobre el soporte. Prefiero las de mangos elevados. De otro modo, ¡arriesgaría con mancharme!

## Definiendo el tipo correcto de pinceles

Un buen pincel es en sí mismo una obra de arte. Aunque existen pinceles de confección sintética, sin duda decentes y eficaces, mi convicción es que ellos suelen trabajar mejor con acrílicos que con óleos. Prefiero los de pelo natural, ya sean del tipo suave y flexible, o bien de aquellos de cerda, algo rígidos, pero sólidos al fin. Pruebe los pinceles contra su piel y experimente la diferencia—¡se trata de una parte del proceso de selección!

## La compra de pinceles adecuados

Un buen pincel es una obra de arte por si mismo. Aunque existen pinceles decentes hechos de materiales sintéticos, yo encuentro que tienden a funcionar mejor con pinturas acrílicas. Para mis pinturas al oleo uso pinceles de cerdas naturales, tanto los suaves (flexibles) como los de cerdas más cortas y duras. Pruebe el pincel contra su piel y sienta la diferencia—esto es parte del proceso de selección.

▼ **PINCELES REDONDOS DE MARTA** sirven para el juego detallista, y son ideales para trazos de amplitud.

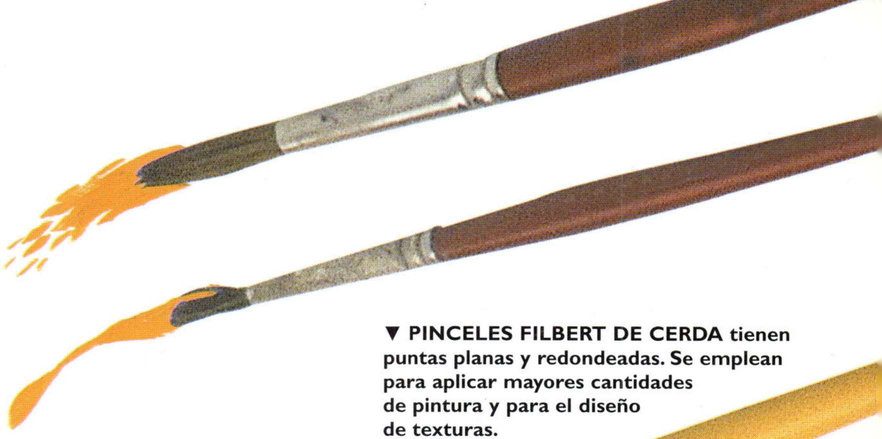

▼ **PINCELES FILBERT DE CERDA** tienen puntas planas y redondeadas. Se emplean para aplicar mayores cantidades de pintura y para el diseño de texturas.

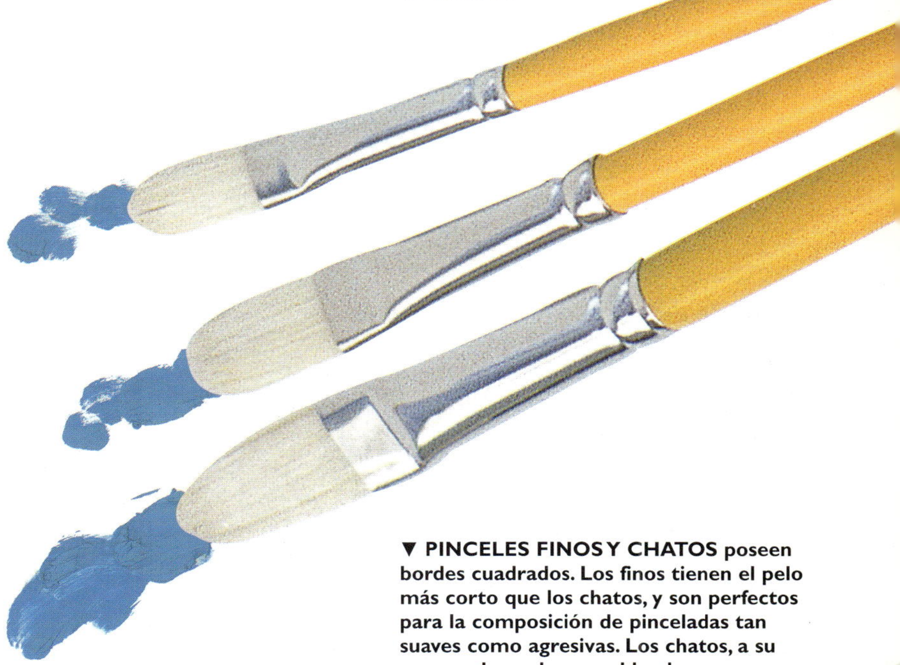

▼ **PINCELES FINOS Y CHATOS** poseen bordes cuadrados. Los finos tienen el pelo más corto que los chatos, y son perfectos para la composición de pinceladas tan suaves como agresivas. Los chatos, a su vez, producen largos y blandos trazos y combinaciones.

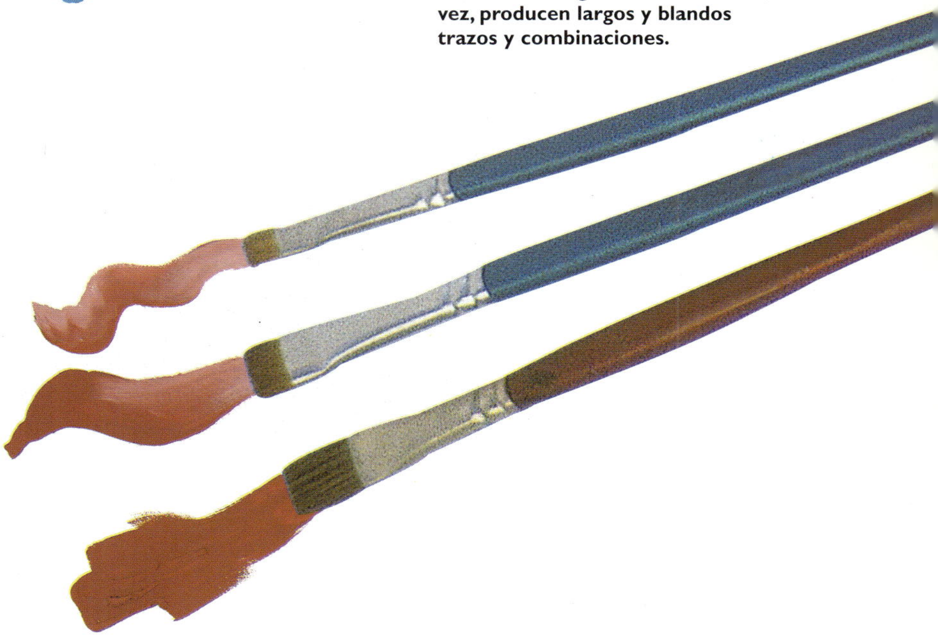

**Sugerencia para el Artista**

Un buen equipo para el principiante debería incluir: dos redondos (1/8", 3/8"), dos gruesos de cerda (1/2", 3/4"), uno fino (3/8"), y uno plano o chato (5/8"). (Medidas son sólo de ancho aproximado.)

## Empleando Aditivos

Es mi costumbre emplear mediums y disolventes con tal de alterar la consistencia de la pintura al óleo, haciéndola más ligera o más delgada, precipitando o tardando su secado, añadiendo lustre o inclusive ocultando ciertas marcas de pincel. Cada tipo de aditivo tiene un resultado peculiar. Mezclando unas gotas de aceite de linaza espesada al sol, puedo dar a mis pinturas una textura semejante a la mantequilla. Me basta, igualmente, un poco de trementina para adelgazarlas y simular así los trazos de un boceto.

## Reuniendo los Elementos Finales

Qué caballete ha de utilizar, es un asunto que depende del lugar que escoja y de la envergadura y volumen del soporte. Consiga un caballete portátil, si es que va a aventurarse puertas afuera. E incluya aquí, también, unos cuantos pertrechos—lápiz o carboncillo para dibujar sobre su soporte, una caja de pinturas para sostener todos sus materiales, un pocillo de vidrio o metal para el disolvente y las soluciones que prefiera, y, finalmente, unos cuantos trapos de algodón sin hilachas ni motas, o, en su defecto, simples toallas de papel... ¡Ahora está listo para empezar!

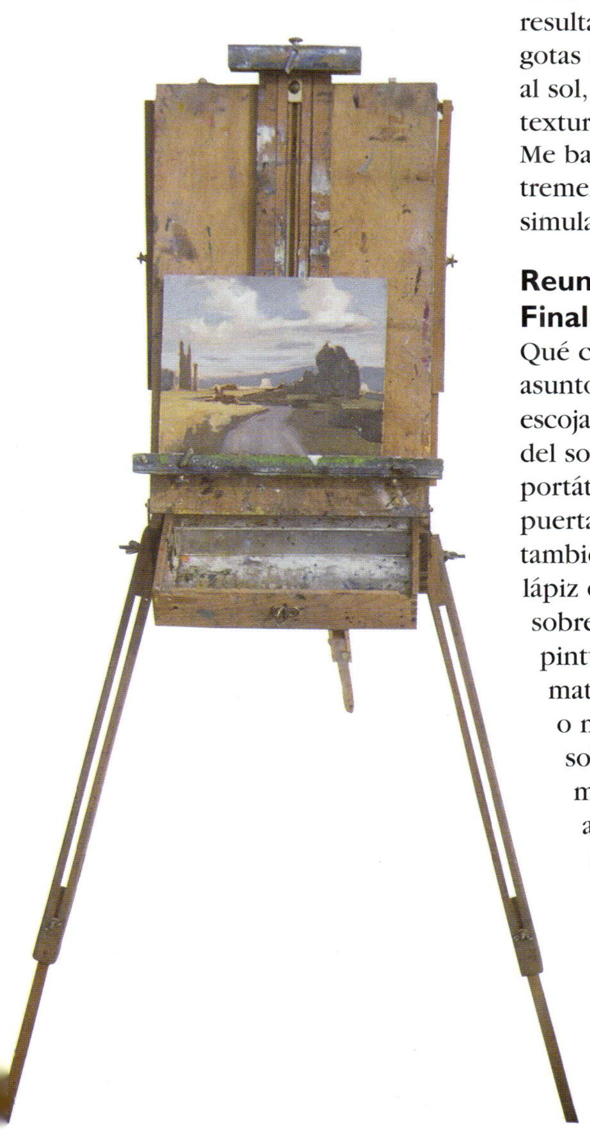

◀ **CABALLETE FRANCÉS** Mi opción es la siguiente: caballete y caja de pinturas. Esto resulta más estable (y pesado) que un caballete de bocetos regular.

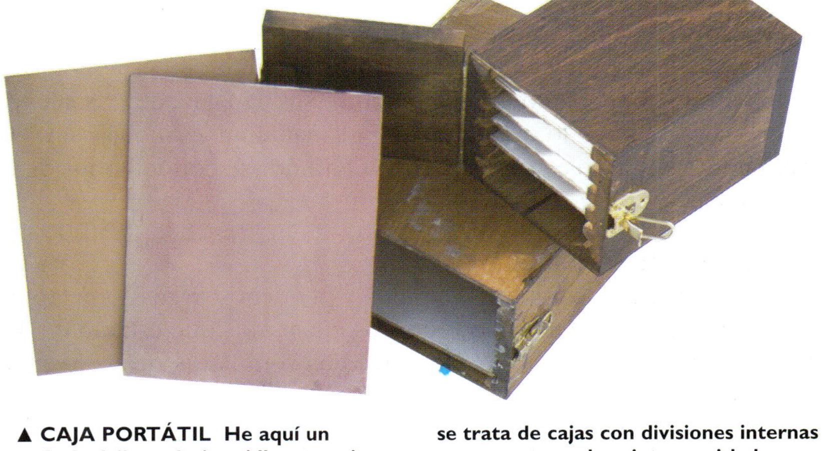

▲ **CAJA PORTÁTIL** He aquí un artículo útil y práctico si lleva consiga pinturas mojadas o soportes previamente coloreados, tal como es mi costumbre—se trata de cajas con divisiones internas para mantener las pinturas aisladas y seguras de untos y manchas.

# Preparándose para Pintar

CUALQUIERA SEA LA OCASIÓN, antes de impregnar el pincel tengo primero que decidir qué pintar. Hay tantos y maravillosos motivos, que a veces la decisión se dilata más de lo que uno podría esperar. ¿De dónde surgen mis ideas? Sucede, afortunadamente, que vivo en un lugar desde ya muy hermoso. Pero también viajo, examino libros y tomo fotografías. Mi consejo es tomar un motivo que realmente lo "seduzca". Si se halla inspirado por lo que pinta, esto se revelará definitivamente en la pieza acabada.

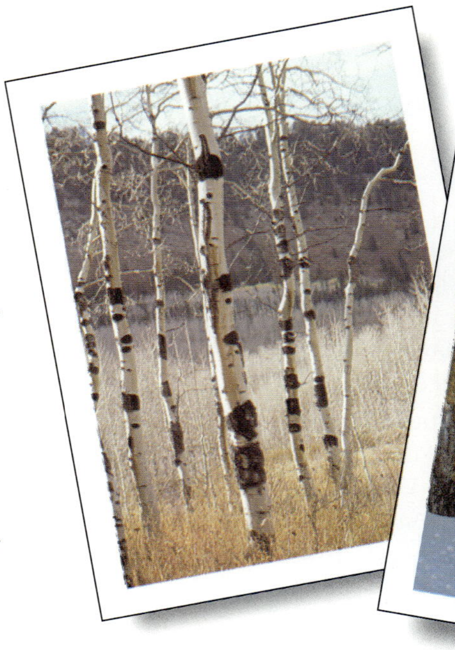

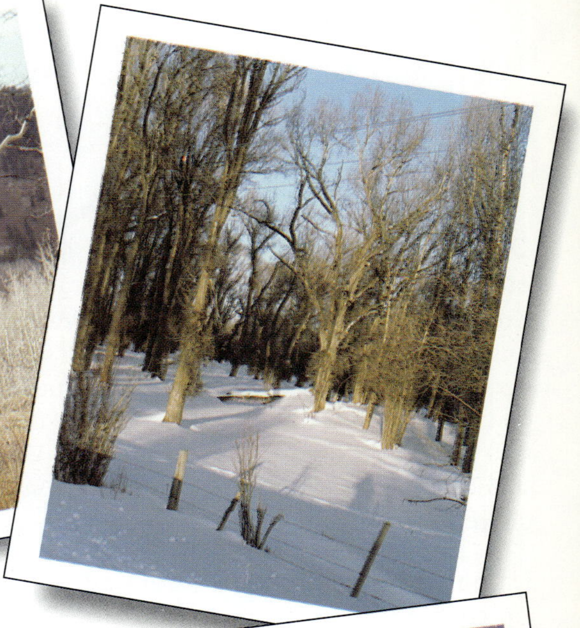

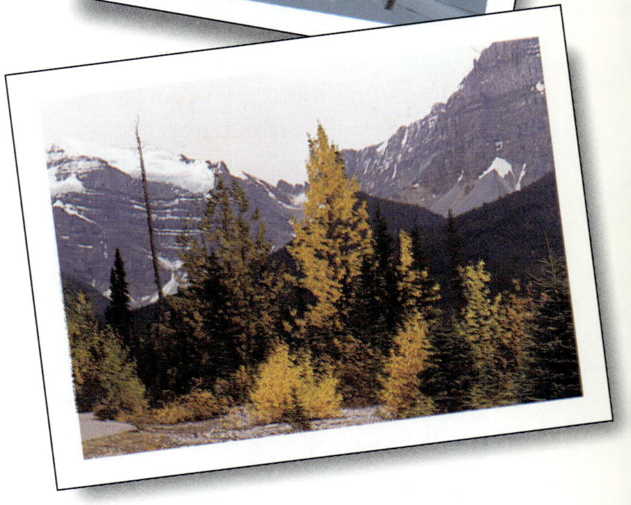

**▸ USANDO FOTOGRAFÍAS** Tras repasar mi "biblioteca de artista", buscando un posible candidato a pintar, me inclino al fin por la fotografía en primer plano de los abedules (arriba). Recuerdo cuando la tomé, y cómo deseé entonces atrapar el diseño de las cortezas. Para ello, tuve que prescindir de la copa de los abedules y concentrarme nada más que en los troncos.

## Cazar Ideas

Tomo fotos de posibles escenas a retratar, y aun las archivo para posterior referencia. No es que precisamente copie mis fotos. Al contrario; tan sólo trato de rescatar las partes que me llaman la atención, y luego dejo a un lado los elementos que me son indiferentes. Si deseo superponer personas o animales a un paisaje donde no los hay, voy y reviso mi archivo para separar de allí mi "fuente" gráfica.

**▸ HACER UN BOCETO** Estando en el estudio, bosquejo derechamente sobre la superficie que tengo a disposición, utilizando una varita de carboncillo y rociando encima del boceto final, algo más tarde, el fijador adecuado. Estando afuera, me pongo manos a la obra sin rodeos y "dibujo" con un pincel impregnado en óleo y trementina: el resultado es liviano y ágil.

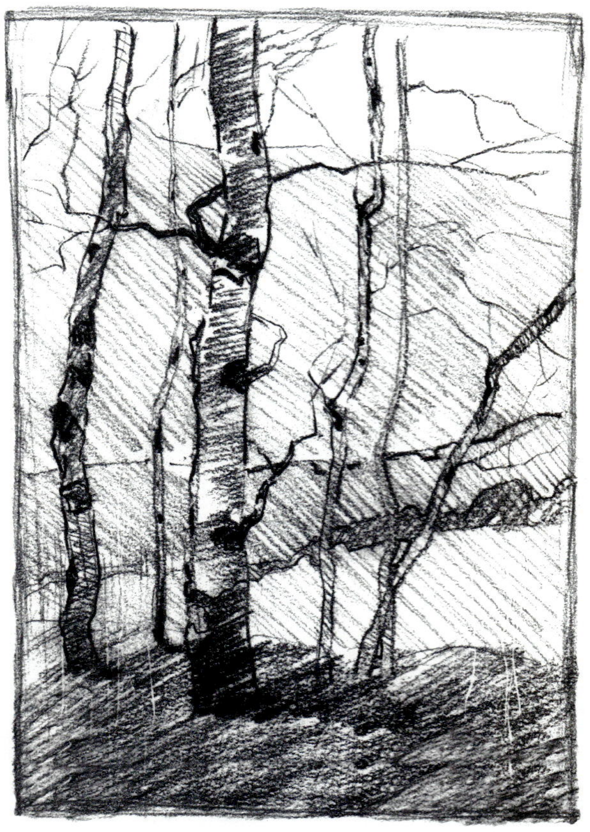

## Dibujando desde la Vida Misma

Trabajar con fotos puede ser conveniente. Sin embargo, se aprende más estando en escenarios naturales. Le sugiero que vaya afuera y observe de primera mano sus propios motivos, absorba la escena, realice un bosquejo y tome notas. Tales estudios serán para usted una especie de aprendizaje; verá así la verdadera forma del objeto que está dibujando, y de paso mejorará la coordinación entre sus capacidades visuales y manuales. Dibujar lo que se observa, llanamente, es dibujar sin prejuicios: ¡sus árboles jamás podrán confundirse con lollipops de lima! ¡Confíe en sus ojos!

## Bosquejando la Escena

Suelo hacer muchos apuntes (rápidos y pequeños trazos a vuelapluma), de suerte que pueda arreglar todos los elementos que estarán en mi pintura a mi entero gusto. No son trabajos completos, desde luego. Dibujo las imágenes como si fueran simples formas sacadas de un plano de construcción. De este modo, puedo evaluar cómo los objetos se relacionarán entre sí, y asegurarme, de paso, que tendré una interesante variedad de formas y tamaños.

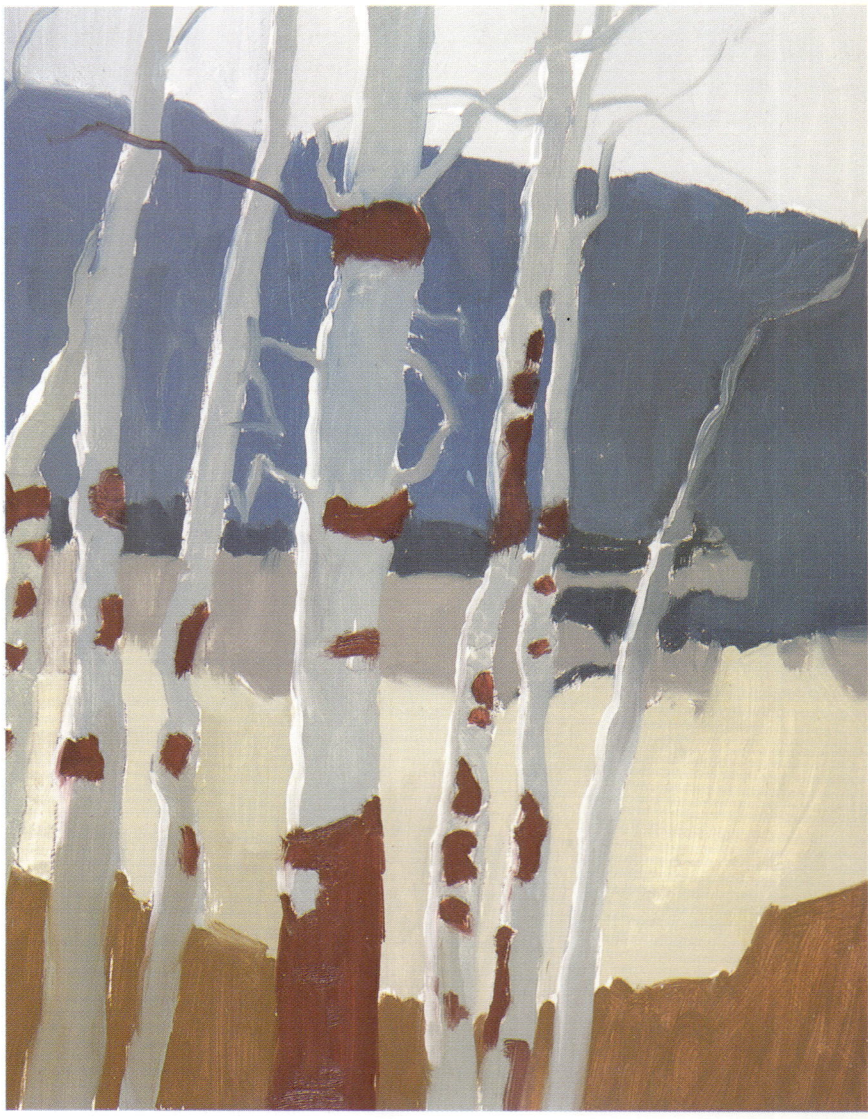

**LLENANDO ESPACIOS** A lo largo de este libro recurro a frases como "simplificar los detalles" y "distinguir figuras y masas importantes". Así pues, este ágil estudio de los abedules explicará visualmente el concepto de "llenado". Las formas de los troncos y del fondo son pintados sin perfiles minuciosos ni detalles. A fin de reconocer las "masas" le sugiero que miré de soslayo, como si estuviera bizqueando. Es sencillo—y funciona.

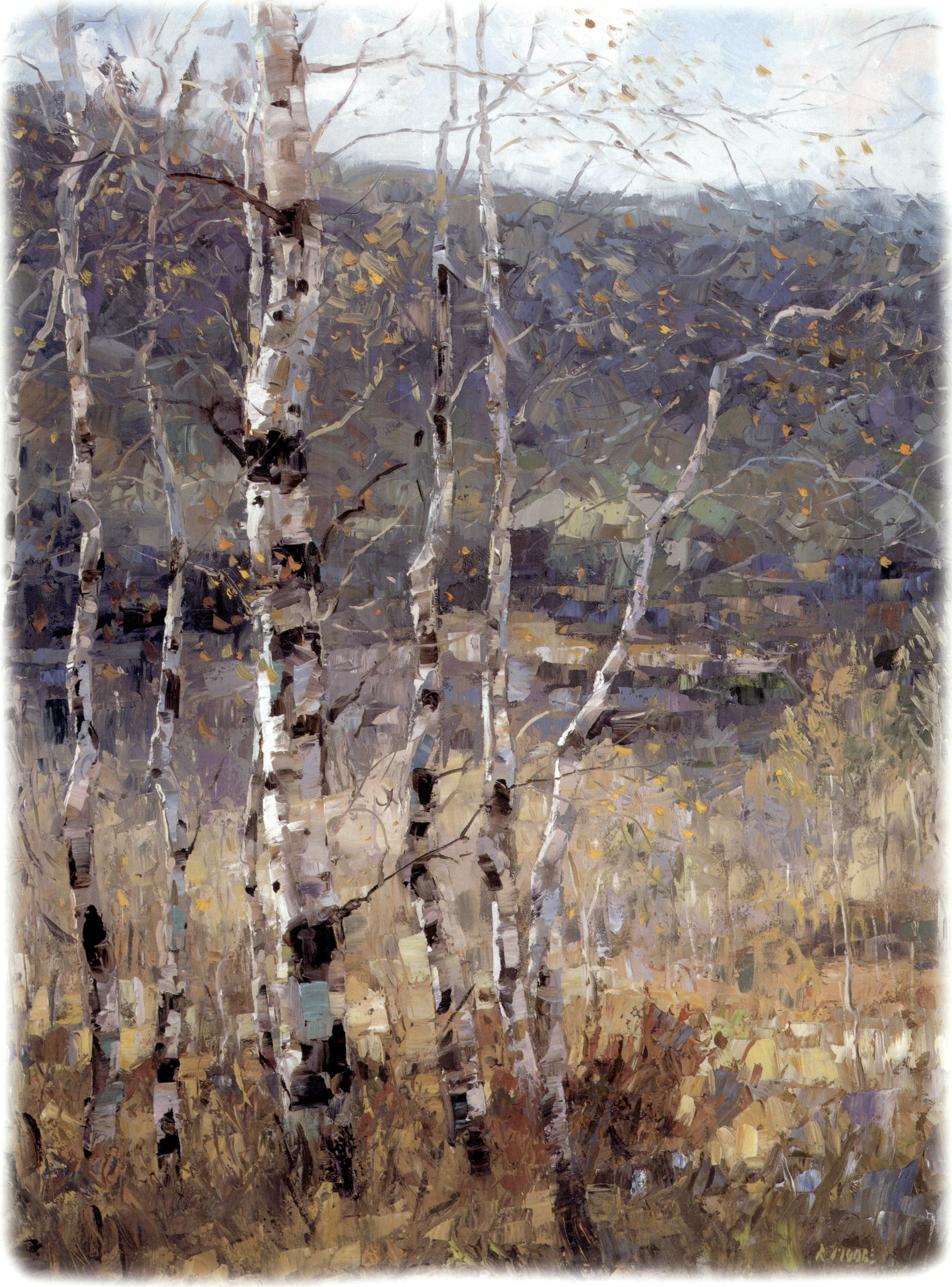

**RETRIBUCIÓN SATISFACTORIA** El trabajo terminado exhibe ricas y profundas texturas. Una fotografía carecería de semejante vitalidad.

# Construyendo una Buena Base

¿ESTÁ LISTO PARA EMPEZAR A PINTAR? Cuando miro un lienzo en blanco, no puedo esperar por verter algo de color encima. Matizar previamente el soporte es sólo una salida "frente al miedo de la tela vacía". Por lo pronto, es en el período anterior al "pintado", cuando echo mano a un color (o a dos) para asentar las líneas básicas. Primero, en efecto, debo determinar los espacios y figuras que después serán tratados en detalle. Esto me permite bastante libertad, pues pinto algo que tendrá nuevas capas encima. ¡Del todo conveniente!

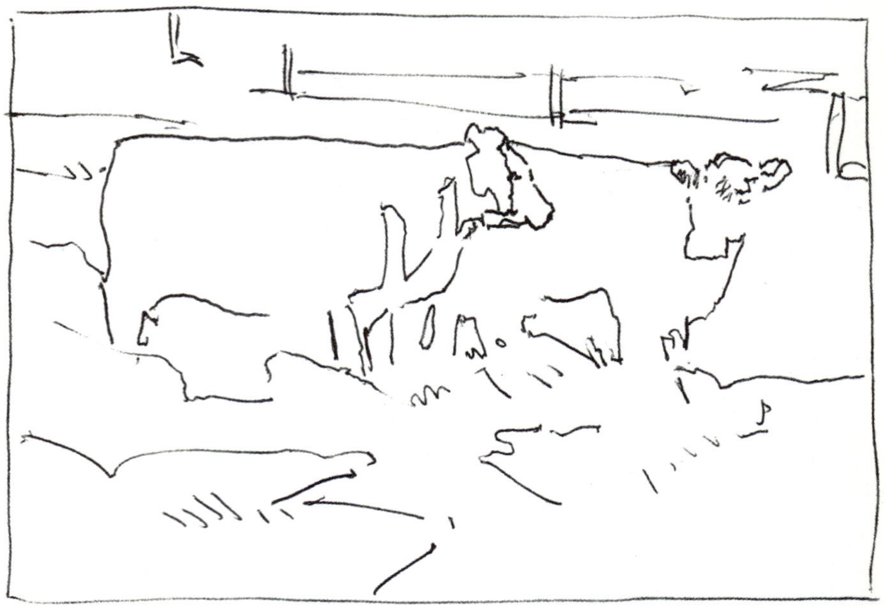

**SELECCIONANDO UN BOCETO** Este es el apunte que escogí como base sobre la cual pintar. Se llevó a cabo simple y directamente—unos cuantos contornos para saber dónde poner luces y sombras.

### Matizar previamente el Soporte

Con alguna frecuencia, cubro la superficie virgen con un tono mediano-claro de siena tostado, o bien con azul ultramarino, suficientemente adelgazado y transparente como para correr encima de la tela. La mayoría de las veces, este trasfondo matizado es con justicia un color neutral. El marrón, por ejemplo, se presta excelentemente para los motivos de color tierra, mientras que el azul contrasta con una mayor cantidad de colores y motivos.

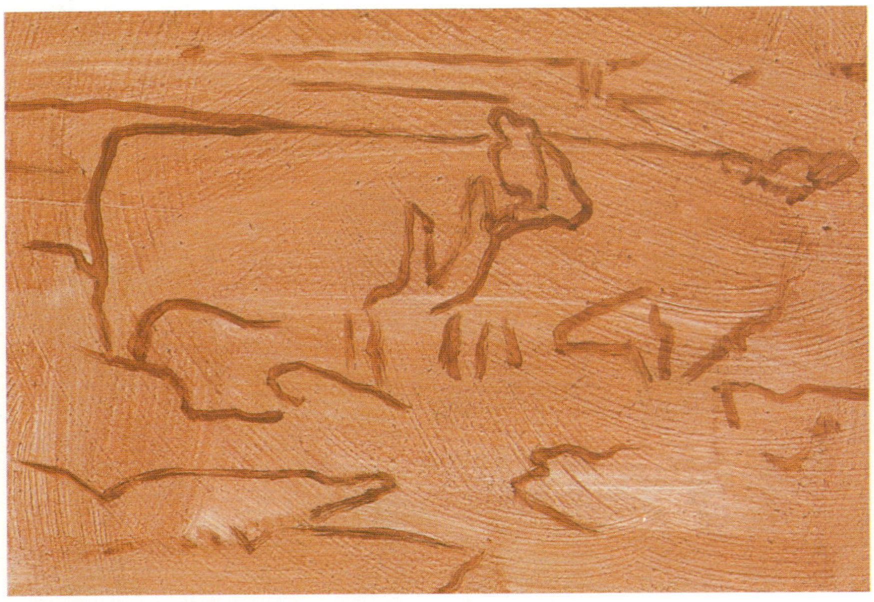

**MATIZANDO Y BOSQUEJANDO** Para cubrir la superficie, empleé un pincel plano y largo, deslizando con él una transparente capa de siena tostado, tan diluida que secó en un instante. Luego, me valí de un pincel redondo, untado en el mismo color, pero esta vez más denso, y procedí a delinear el motivo que saqué de mis apuntes.

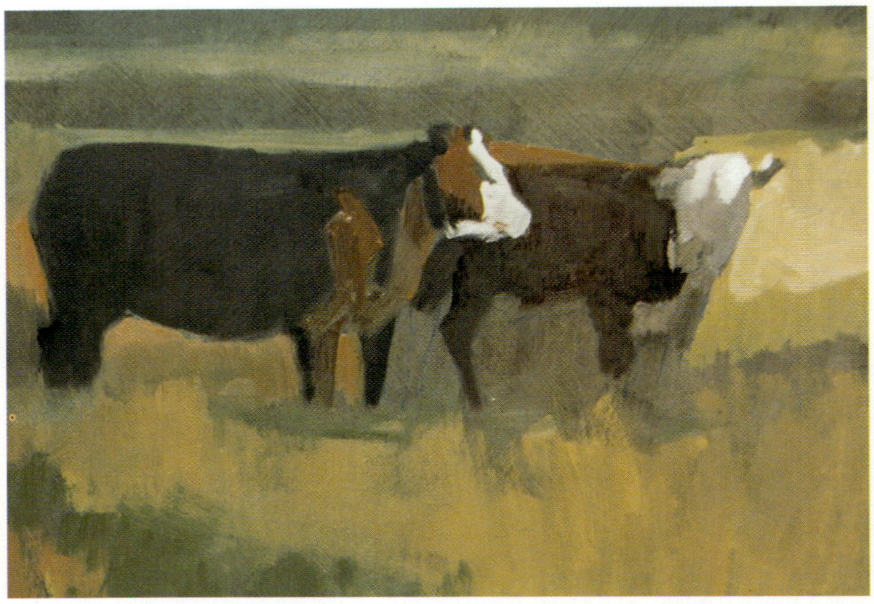

**PREPINTADO** A continuación, llené las líneas básicas y comencé a construir las formas de las vacas y el fondo—avanzando con capas cada vez más gruesas, oscuras y opacas. Las áreas luminosas fueron atenuadas con un trapo empapado en disolvente.

**► LA PINTURA QUE SURGE** Esto es lo que resultó de agregar más colores y texturas al primer ensayo de pintura. Sin duda, difícil será contar las pestañas de estos dos ejemplares de ganado—¡y enhorabuena! Si tiene la tendencia de atorarse con minucias así, la etapa anterior le ayudará a "hacer surgir" la pintura en términos de unidad. Esto será mejor que trabajar exhaustivamente sobre los detalles.

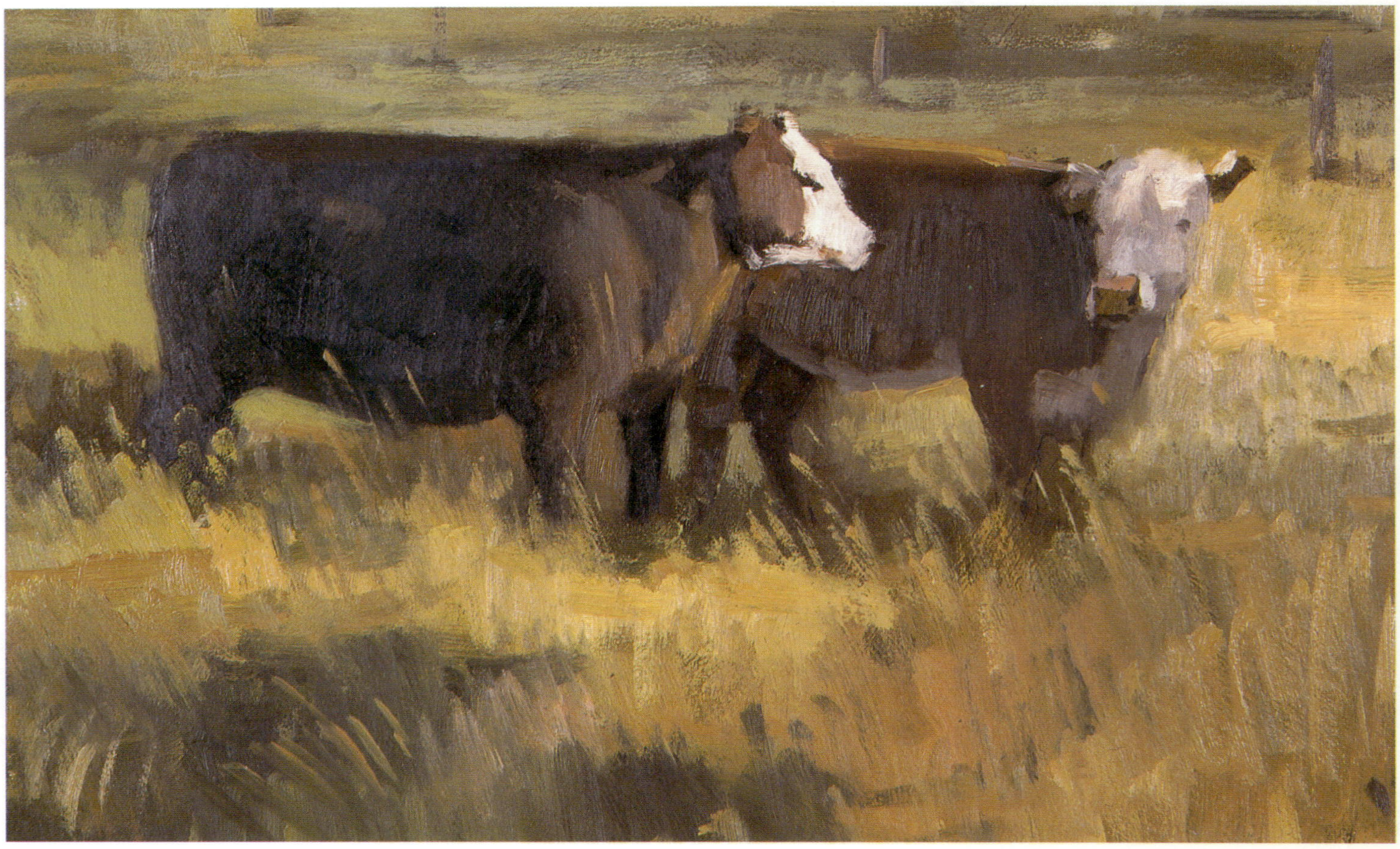

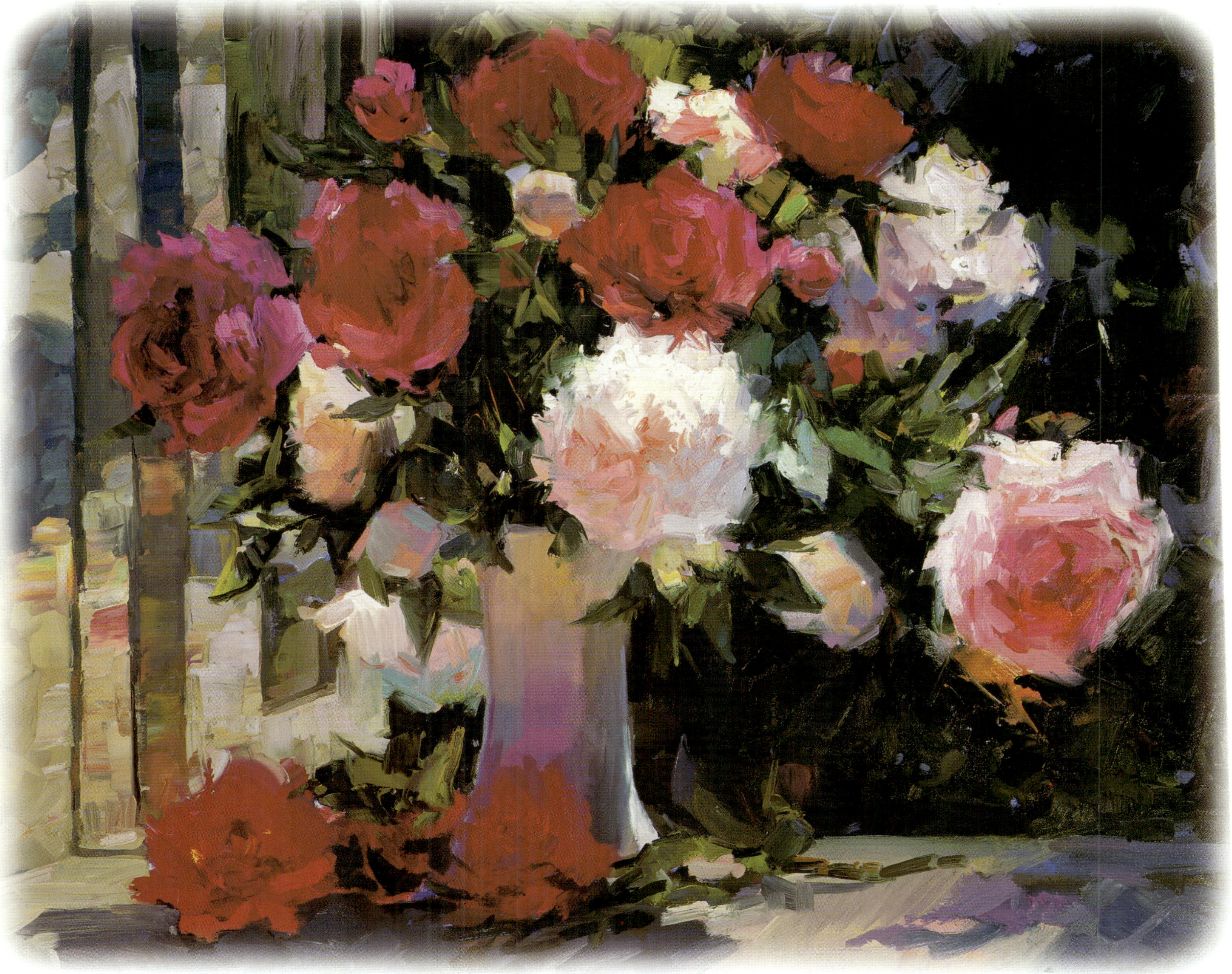

**COLORES REFRESCANTES** Preferí el azul para matizar este soporte, pues sabía que asomaría entre sombras, sin por ello alterar el rosa de las flores.

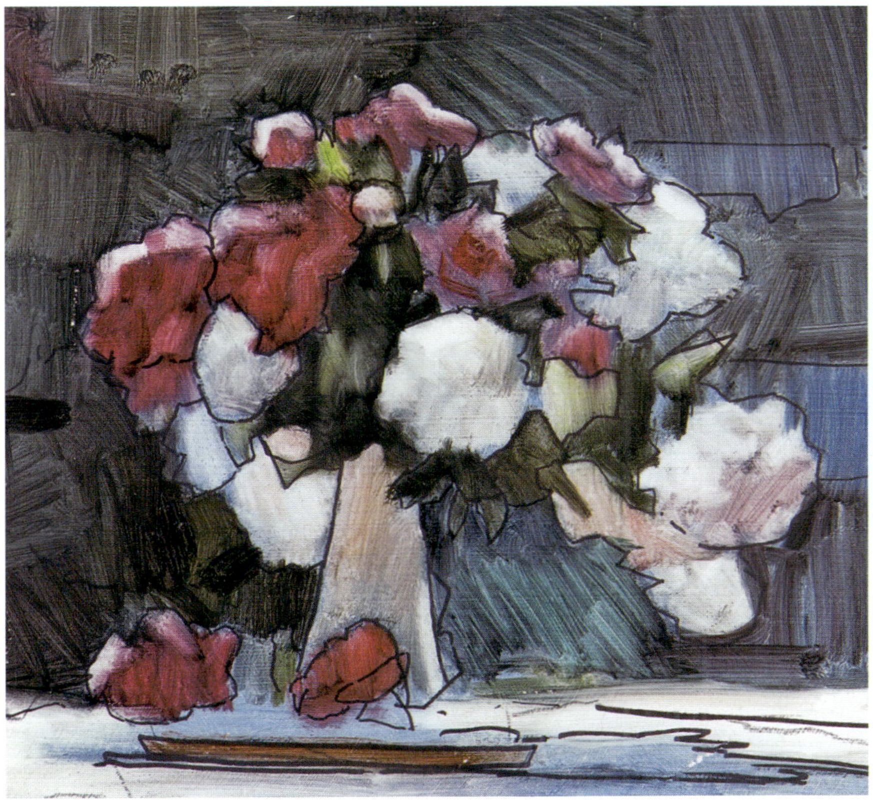

**LLENANDO VOLÚMENES** En lugar de ensayar con el azul que usé para el matizado, preferí esta vez cargar las hojas y flores con colores realistas. Ocupo aquí verde viridiana, un tanto clareado, y marrón alizarino.

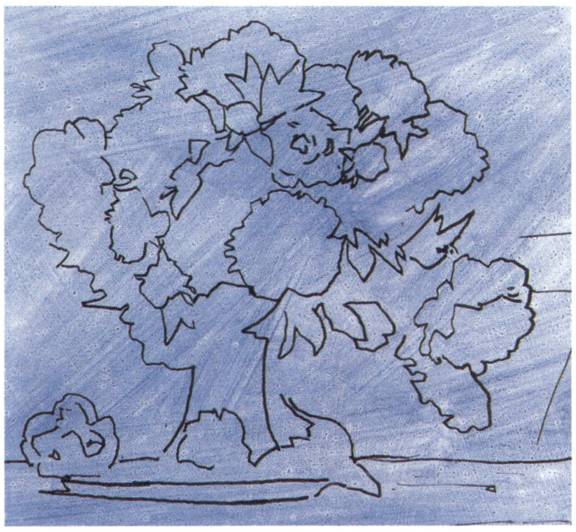

**◄ EMPEZAR RUDIMENTARIAMENTE** Bosquejé la silueta elemental del buqué sobre un fondo matizado de azul ultramarino. Mantengo una provisión de soportes previamente matizados, y selecciono de entre ellos uno marrón o azul, dependiendo del motivo y del esquema cromático general.

## Acumulando Luces y Sombras

No es necesario extremar los cuidados en la primera etapa de pintura. Se requiere, solamente, colocar las áreas de luces y sombras de manera correcta. Uso un pincel grande para llenar rápidamente los contornos delineados; antes, por cierto, he clareado la pintura. Continúo entonces, aplicando capas cada vez menos claras; esto me asegura que tales zonas oscurezcan progresivamente. Al revés, para aclarar algo, aplico un paño con diluyente a fin de que asome el blanco del mismo lienzo. ¿Cuándo termina esta etapa? Pues bien, cuando retrocedo y me digo: "¡Tiempo para agregar color real!".

# Estados de Ánimo a través del Color

A MENUDO, LOS COLORES SE CONCIBEN en términos de emociones. Amarillo es felicidad. Azul, tristeza. Pero hay más que eso. ¿Se ha cruzado alguna vez con una pintura de girasoles amarillos? Sin pensarlo, seguramente, usted habrá tenido que sonreír. ¿O tal vez se ha conmovido al ver un paisaje ofrecido en diferentes gradaciones de azul? En fin; éstos son ejemplos exactos de cómo el color nos afecta. En las pinturas de estas dos páginas, me sirvo del "color" para comunicar estados de ánimos bastante particulares. Observe y piense. Y también "sienta". ¡Puedo apostar a que el culpable es el color!

## Aproveche las Cualidades Anímicas de los Colores

A los colores se les considera como tibios o fríos—rojos, naranjas y amarillos son del primer tipo; azules, verdes y violetas, del segundo. Colores tibios evocan agitación, pasión, e incluso peligro; los fríos son calmos y serenos. Escoja los colores que se presten para la emoción que usted desee comunicar. No pintaría un motivo triste con colores de cereza, ¿verdad? Como tampoco una escena alegre con una paleta sombría. Siéntase libre para adaptar su paleta al ánimo en cuestión. Dado el caso, pinte un casa campestre, originalmente marrón, en un rojo brillante. En efecto, haga a sus colores menos o más vibrantes: mezcle algo de azul en un rojo caliente y éste lucirá algo más frío. O añada amarillo al verde para darle tibieza. Experimente y vea.

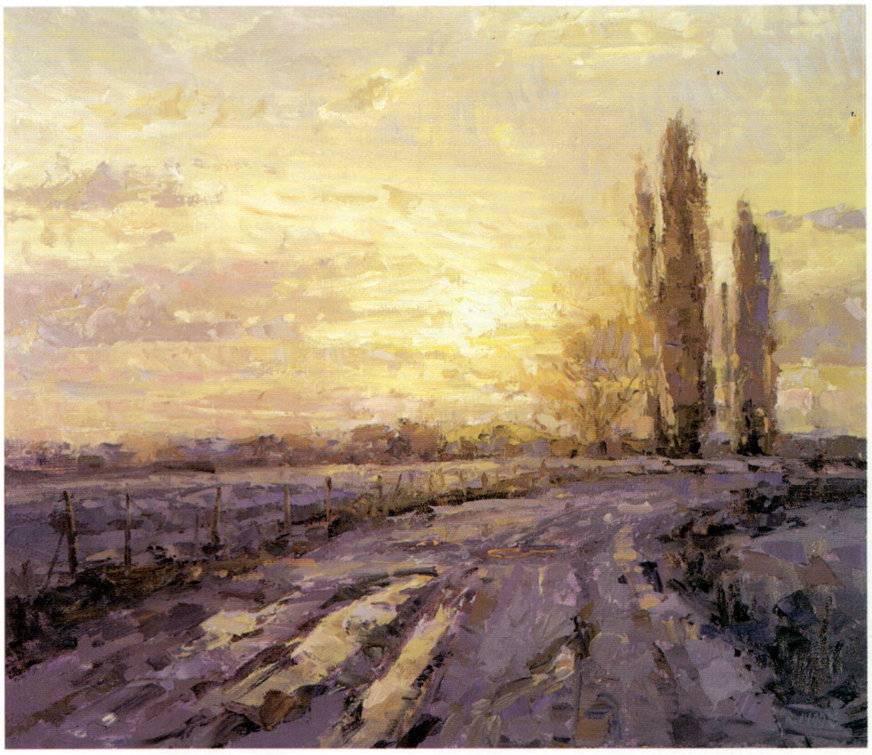

**COLORES CONTRASTANTES** Este paisaje, con su camino frígido, rasgado, sorprendido por el crepúsculo, emplea un esquema de color complementario de amarillo y púrpura (ver página 9). El amarillo del sol provee la única nota de tibieza en esta helada extensión de color lavanda.

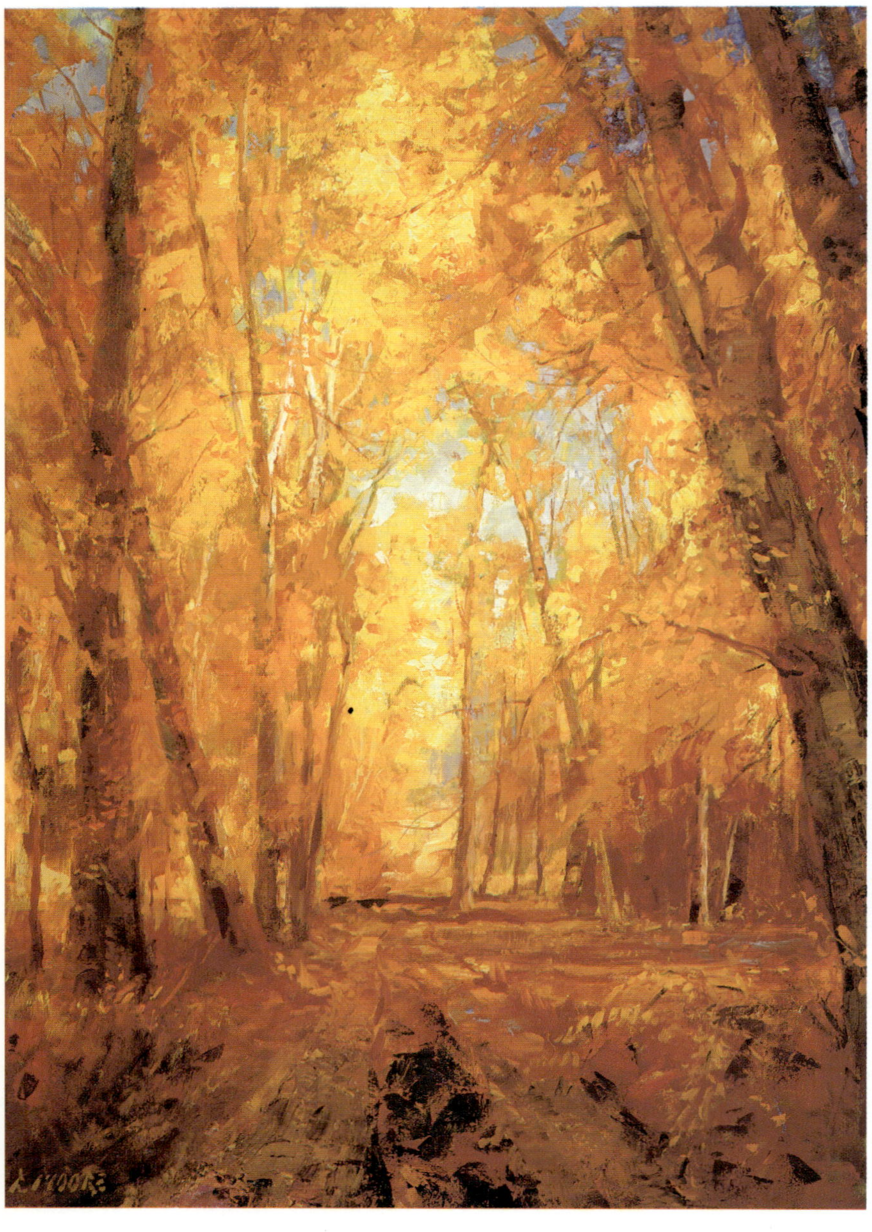

**PALETA DE COLORES TIBIOS** Aquí aplico colores tibios de manera casi exclusiva, pues el motivo del otoño lo reclama así, y además porque la rica gama de oros y rubores hace a los algodoneros fulgurar con excitación.

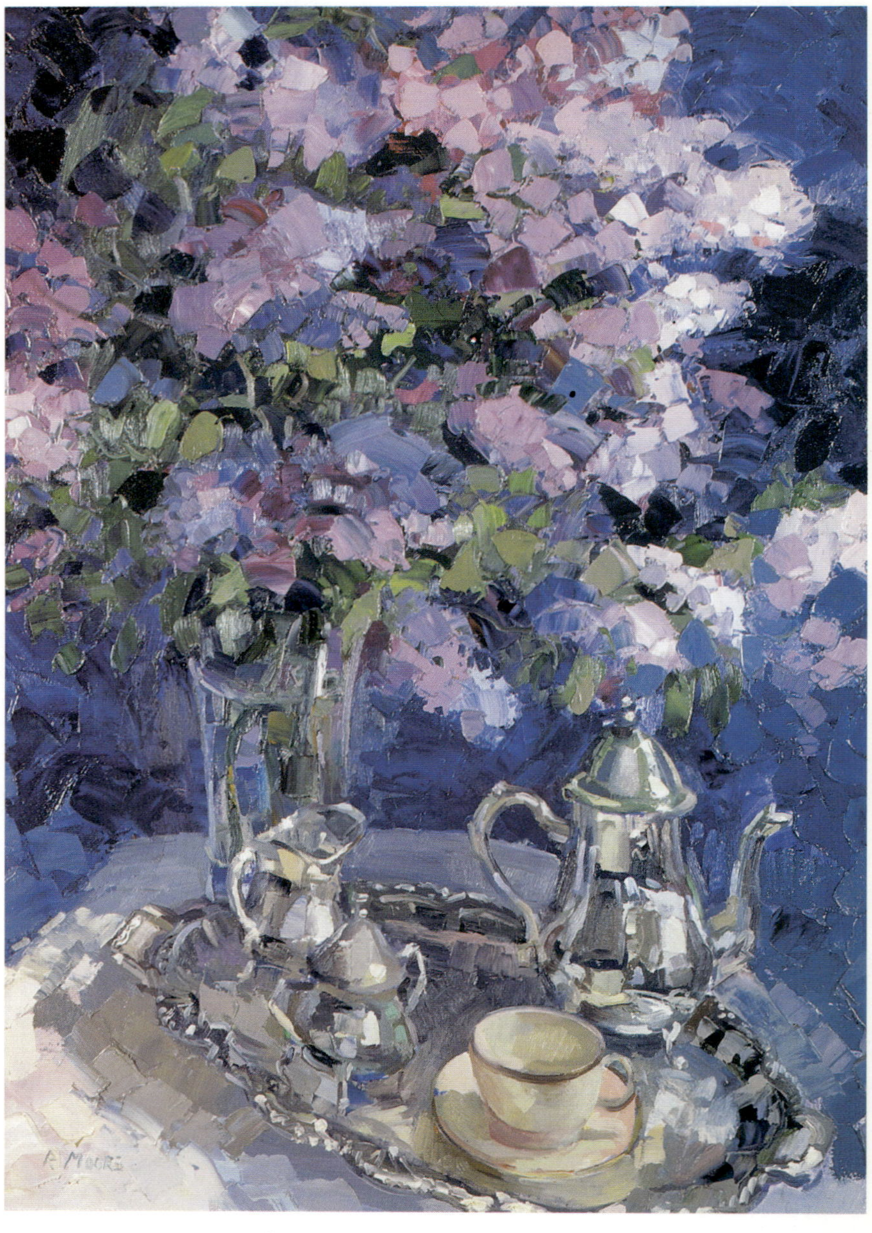

**PALETA DE COLORES FRÍOS** Con variedades de púrpura y gris, predominantemente frías, aplicadas ahora en un fondo violeta y azul, he creado esta postal de flores y mesa para té. Expresa un sentimiento de paz y tranquilidad.

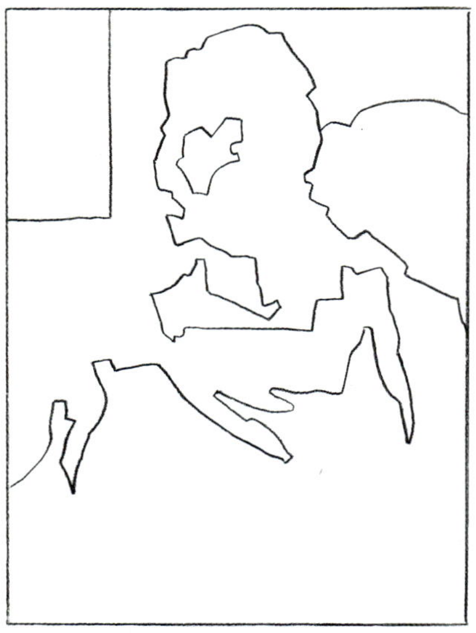

**ESTABLECIENDO LA FORMA** Con tal de crear un aura de seriedad para mi pintura de un soldado de la Guerra de Secesión, escogí un esquema monocromático: sólo azul. Para empezar, aboceté las formas y masas generales, a fin de distribuir satisfactoriamente los valores oscuros, claros y medios.

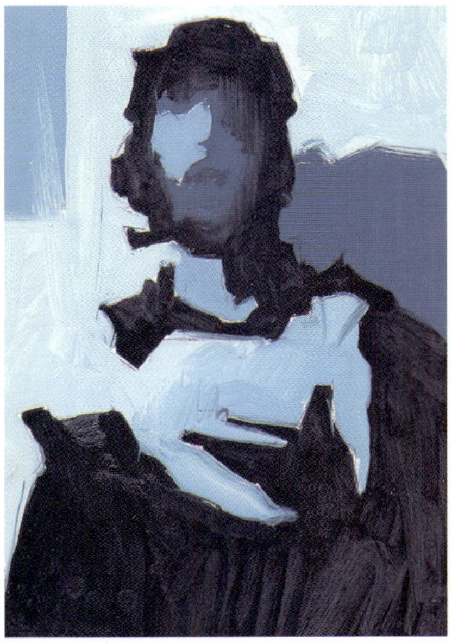

**APLICAR LOS VALORES** Me apresto, enseguida, a llenar las masas más grandes con diferentes valores de azul ultramarino, avanzando desde los oscuros hacia los claros. En este punto, el rostro es plano y sin definición; aunque todavía cabe una "lectura": estamos ante un hombre con una capa.

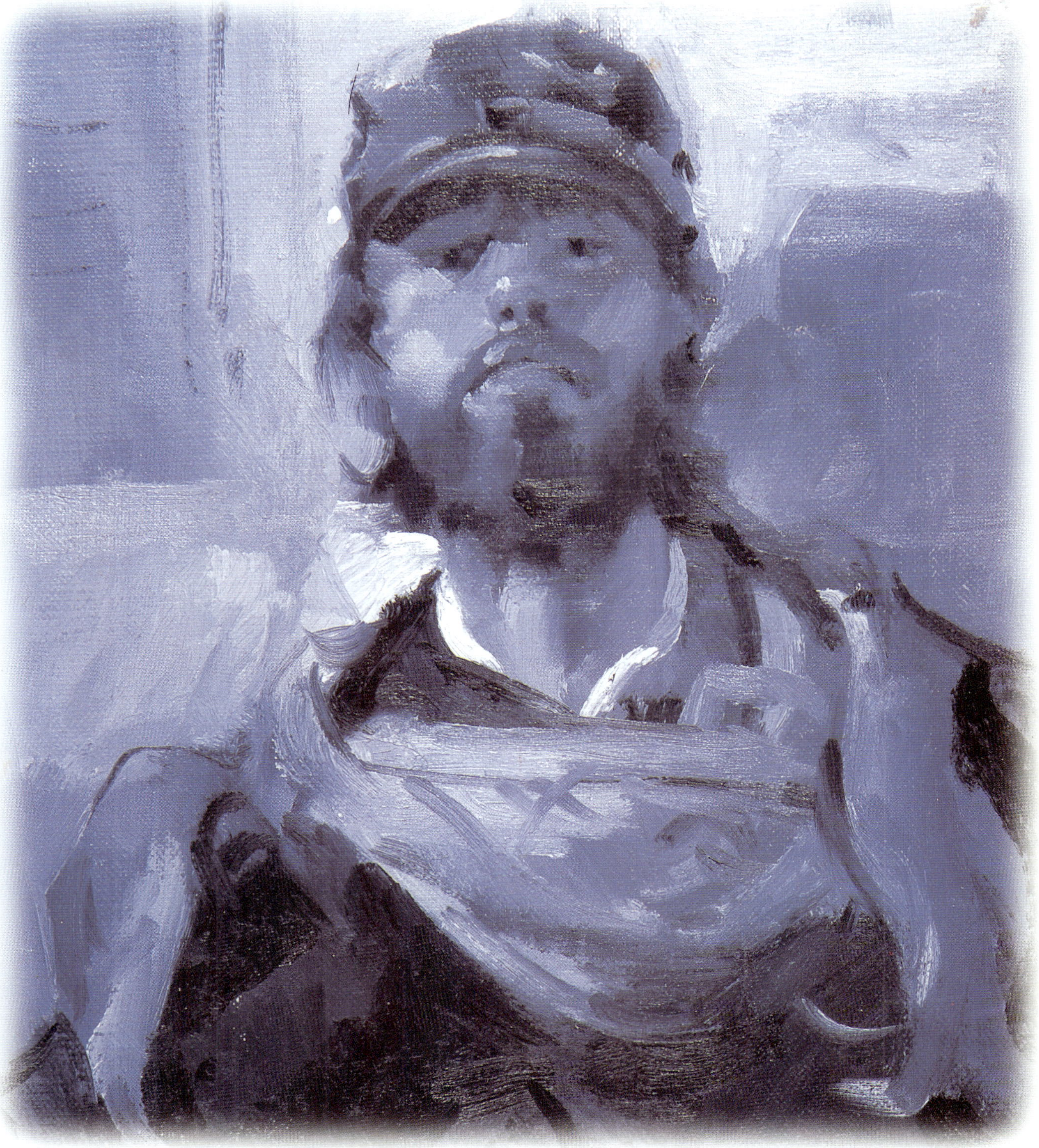

**SERIAMENTE AZUL** Continué usando diferentes valores de azul ultramarino, para crear profundidad y agregar detalles. Es de notar que, en el rostro del soldado, el blanco de sus ojos no está pintado de "blanco". Su esclerótica está oscurecida por el sombrero: pintar blanco allí constituiría una nota artificialmente brillante. El carácter de este retrato es sombrío—deliberadamente sombrío.

## Empleando un solo color

Una pintura *monocromática* es aquélla pintada con diferentes valores (claros, medios y oscuros), partiendo de un único color. Tales valores son creados al añadir ciertas dosis de negro o blanco al color escogido. Disfruto mucho al retratar gente de este modo. Aunque la paleta de color es bastante limitada, una pintura monocromática es fiel al expresar cierto tipo de emoción. En donde predominan valores bajos (oscuros), hay inevitablemente una atmósfera de misterio o anticipación. Por otra parte, valores más altos (claros, luminosos) siempre resultan esperanzadores.

## Empleando una Rueda Cromática

Al combinar colores, una rueda cromática será una útil referencia visual. La que mostramos aquí, ilustra bien qué son los colores primarios, secundarios y complementarios.

Los tres **primarios**—**ROJO**, **AZUL**, y **AMARILLO**—pueden barajarse mutuamente (exceptuando el caso del blanco y el negro). Mezcle dos primarios en cantidades iguales y obtendrá los **secundarios**—**PÚRPURA**, **VERDE**, y **NARANJA**. (Compro mis secundarios en tubo en lugar de mezclarlos yo mismo, pues la mezcla es inferior en brillo a los colores secundarios que se venden individualmente.)

**Complementarios**, por otra parte, son los pares de colores que se oponen directamente en la rueda—**ROJO** y **VERDE**, **AMARILLO** y **PÚRPURA**, **AZUL** y **NARANJA**. Ubicados juntos en una pintura, los colores complementarios tienden a brillar e intensificarse recíprocamente. Abusar de los complementarios puede ser un elemento distractor, ¡aunque no por eso menos ocurrente! Note además que si mezcla dos complementarios, obtendrá una especie de gris terroso.

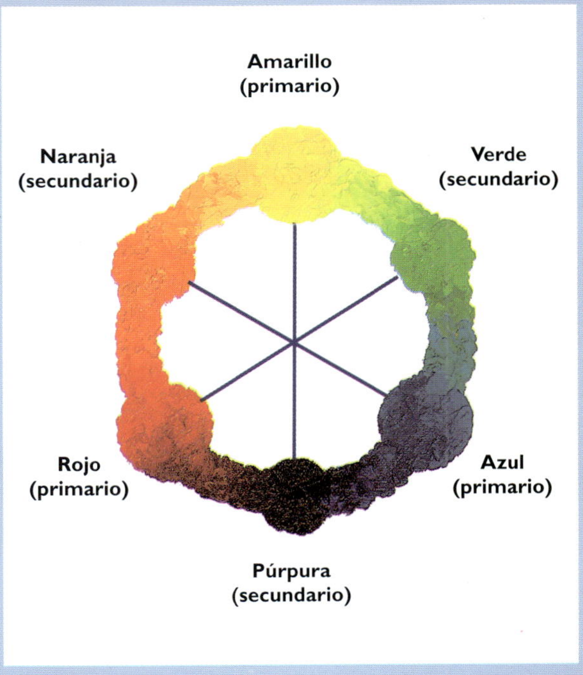

# Texturas que Seducen

UNA TEXTURA, CUALQUIERA SEA, añade riqueza y variedad a las pinturas al óleo. Las texturas están presentes de antemano en la urdimbre de la tela y en el relieve de la imprimación. Aparecen tras una pincelada o una aplicación de espátula. Hasta la misma pintura al óleo tiene un tipo especial de textura. Y no sólo eso. Como si no fuera bastante, los motivos que tomamos también poseen cierta textura—quizá suave, dura, tersa, áspera, plumosa o hirsuta. La lista de texturas es infinita, y el desafío surge cuando se trata de interpretar el tacto en los términos de la pintura. ¿Cómo hago para que la superficie de una roca luzca recia y sólida? ¿Cómo hago para que las nubes aparezcan suaves y mullidas? Ningún misterio; tan sólo lo hago.

## Untar, Rascar, y Dar golpecitos

Crear texturas es una parte vital del proceso pictórico. Empecemos con el *impasto*; es decir, la espesa aplicación de color con pincel o espátula—de modo que las crestas del trazo sean evidentes en la pintura. Utilizo la técnica del impasto para añadir atractivo a casi cualquier tema: rocas escarpadas, cúmulos nubosos y follaje en densidad. No menos característico en mí, es el empleo de punta y bordes de espátula para raspar la pintura a lo largo (*sgraffito*). Esta técnica es muy útil cuando se quiere representar el detalle de las cortezas de algún árbol, o los granos sobre la madera. También aplico color con pequeñas percusiones de pincel (*stippling*)—y aquí ni siquiera me ahorro los dedos. Bueno, ¡eso sí que es dejar huellas dactilares sobre una pintura!

### Sugerencia para el Artista

Para una apariencia diferente, escultórica casi, haga una pintura utilizando exclusivamente su espátula para óleos. Se asombrará al enterarse de cuán fácil es crear texturas con esta versátil herramienta.

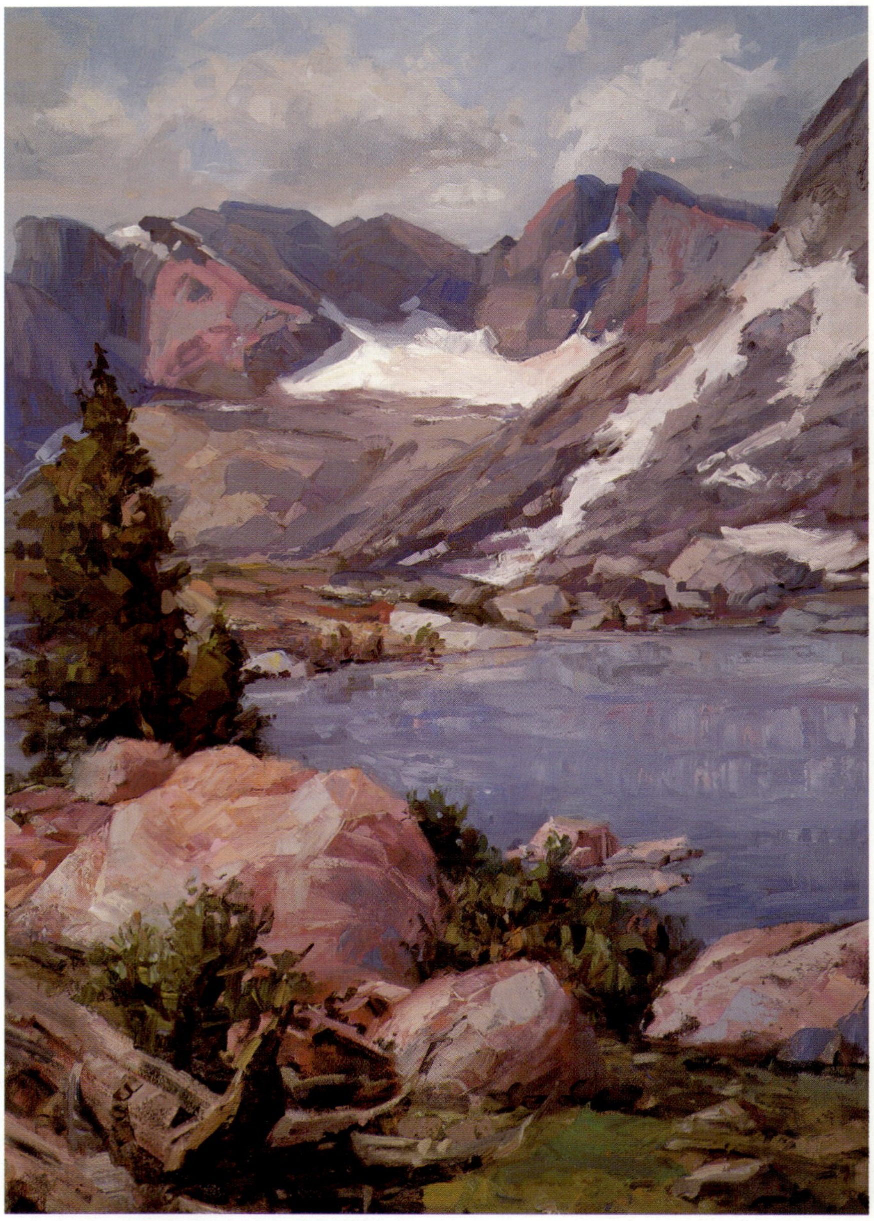

**► DIRIGIR LOS TRAZOS DEL PINCEL** Acostumbro a que la dirección de mis pinceladas enseñen lo mejor posible, a través de las texturas resultantes, cómo un objeto se yergue (el tronco de un árbol), fluye (un lago) o se curva (rodados y montañas).

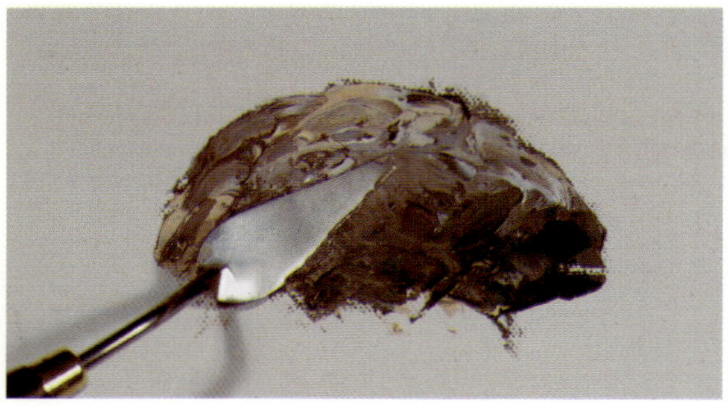

**EMPLASTAR** Unte la pintura con su espátula, distribuyendo delicadas capas de óleo, color sobre color o bien directamente sobre el soporte. Sus trazos deberían fundir los colores suavemente. No exagere en esto, pues compromete la calidad de la textura.

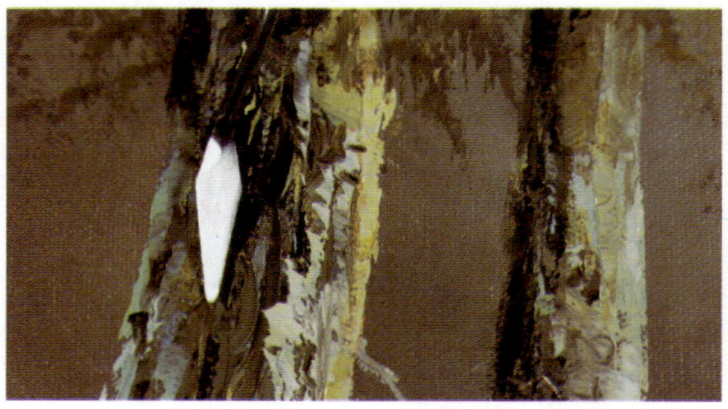

**RASCAR** Rascar y vetear el color es cuanto se logra al hincar el borde de la herramienta sobre una zona pintada. El procedimiento hace aflorar la capa de color subyacente, dejando ranuras e intersticios de varios tamaños. Ideal para cortezas de árbol; dirija sus trazos apropiadamente.

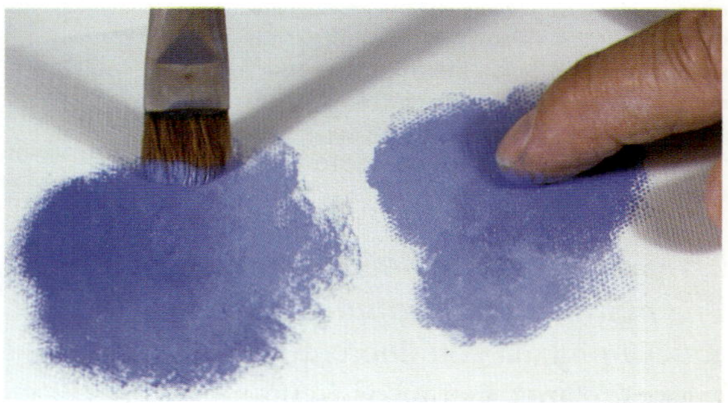

**DAR GOLPECITOS** Sí, dé unos cuantos, punteando en sentido vertical con un pincel o con sus dedos. Esta técnica es excelente para dar acabado a unas mezclas blandas y graduales.

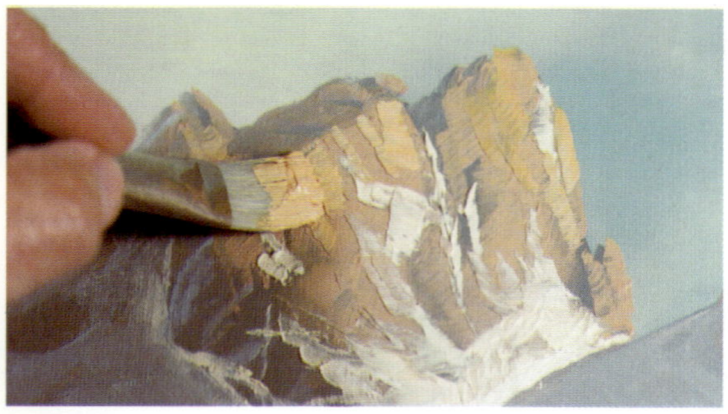

**PINCELADAS FILOSAS** Al imprimir golpes angulares que se adapten a los diferentes planos, se logra describir de maravilla las caras de una cordillera. Hágalo con un pincel de cerda o con su espátula para óleos.

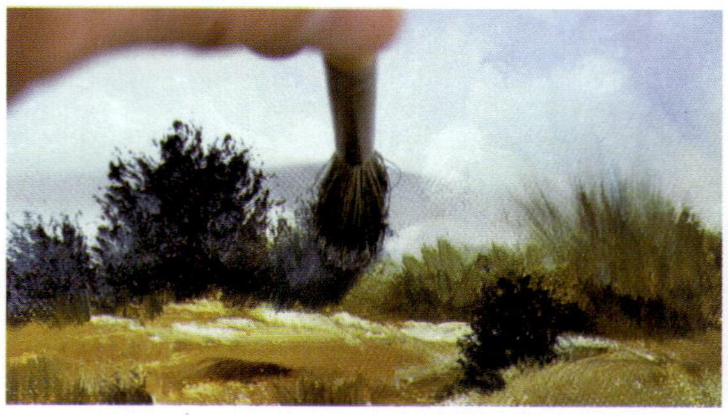

**ESTAMPAR Y ALZAR** Cargue con pintura un pincel de cerda redondo y empújelo sobre el lienzo, y entonces sáquelo con tal de provocar el efecto de un arbusto. Jale el pincel a lo largo y hacia arriba, si su intención es crear hierbas de cierta altura.

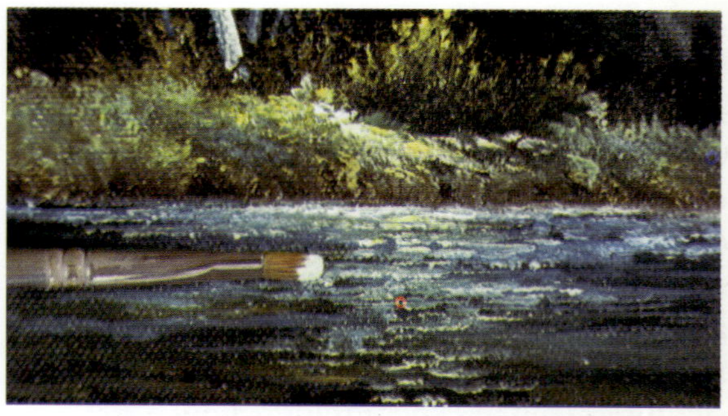

**ARRASTRAR** Deslice fugazmente el pincel a lo largo del lienzo, a fin de crear una pauta de ruptura de un color sobre otro distinto. Aquí, el efecto que producen ambos es el de espejeos de sol sobre el agua.

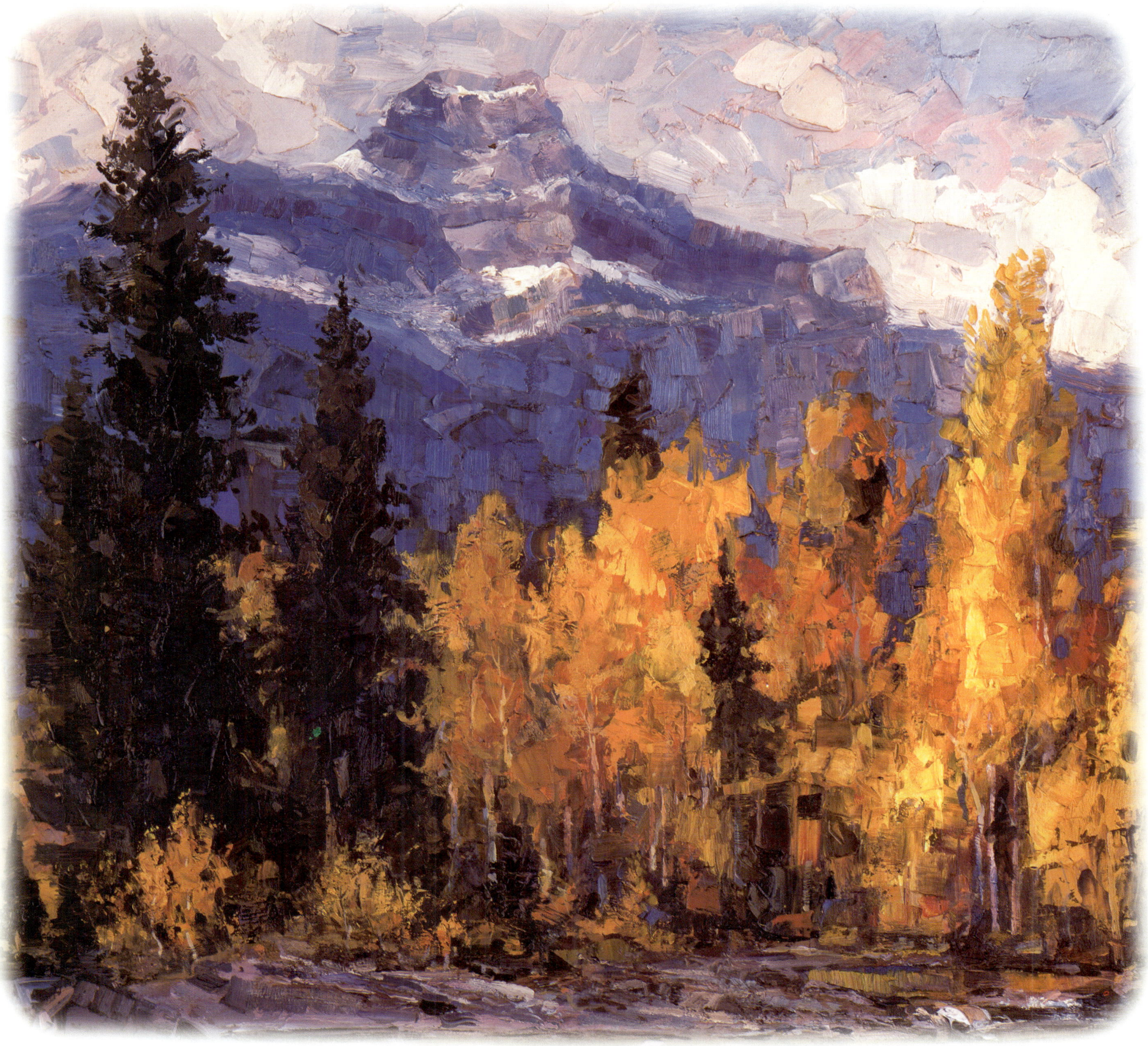

**TAMAÑO DE LAS PINCELADAS** Manipulando pinceles de diferente tamaño infundirá a sus pinturas una rica sensación de relieve y, de paso, un aire de movimiento.

## Asestar una pincelada, Alzar y Arrastrar

La energía de mis golpes de pincel se revela inmediatamente en la tela. Emplee estocadas amplias y angulosas con pinceles planos, imitando las faces salientes de algún peñasco de montaña. Tome un pincel romo y redondeado; estámpelo y retírelo hacia arriba; creará arbustos o bien largas matas de hierba. Alzando el pincel justo al final del golpe, dejará marcas rasantes, sugerentes de piel, o, cuando menos, las puntas de un ramaje. Otra técnica eficaz es percutir o rasguñar, delicadamente, la capa superior de color, de modo que la de abajo logre asomar. Esto recibe el nombre de *scumbling*, y es usado para dar realismo a un buen número de texturas—liquen o cortezas, depósitos minerales sobre rocas, o una cuña de sol al alumbrar el agua.

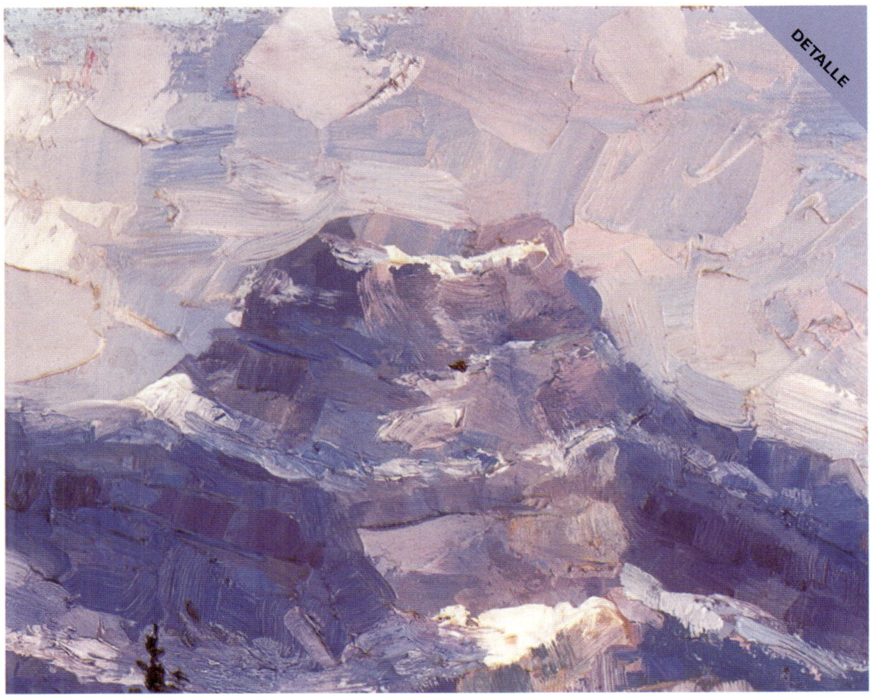


**◄ PINCELADAS EN CONTRASTE** Este detalle de la pintura de arriba muestra cómo he dispuesto un juego pinceladas para el cielo y las nubes, haciéndolo divergir de los verticales y cortos brochazos que integran la cumbre de la montaña. Esto agrega dimensión; y, en definitiva, hace que la montaña sobresalga del fondo y se proyecte adelante.

# Desarrollando Volúmenes y Valores

COMPRENDER LOS VALORES en tan importante para la pintura como lo es el sombreado para el dibujo. *Valor*, simplemente, es el nivel de intensidad en que un color puede aparecer. En verdad, lo que crea la ilusión de luz cayendo sobre un objeto es el contraste entre los valores oscuros y claros, cuya complicidad es obvia a la hora de definir aquella "otra" ilusión: volumen y solidez. ¡Eso hace ver a los artistas casi como magos!

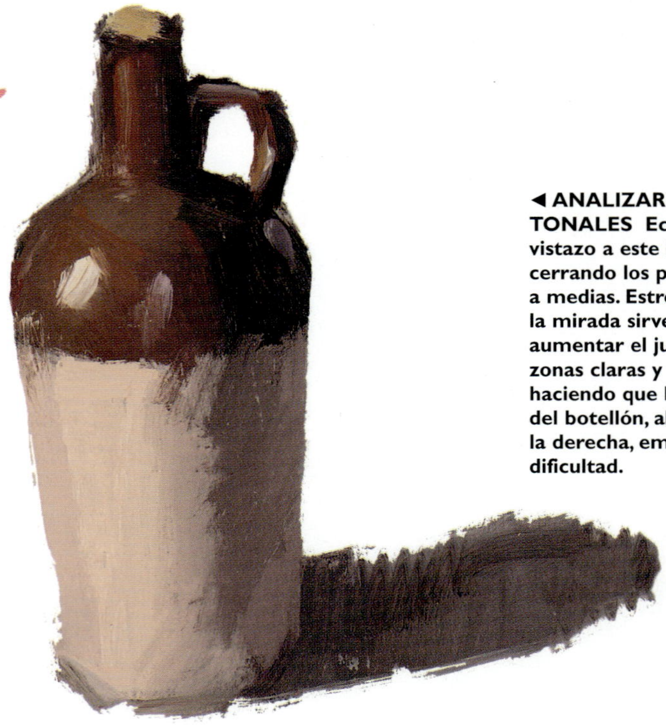

**◄ ANALIZAR VALORES TONALES** Eche un vistazo a este botellón, cerrando los párpados a medias. Estrechar así la mirada sirve para aumentar el juego entre zonas claras y opacas, haciendo que la sombra del botellón, abajo y a la derecha, emerja sin dificultad.

## Evaluar Objetos en Términos de Valor

Salvo por el perfil inicial de un boceto, realmente jamás ocupo líneas cuando pinto. Prefiero alterar los valores para crear forma y volumen. Apreciar las cosas en términos de valor es algo que se vuelve más fácil con la práctica; color es lo que percibimos de entrada. Por ejemplo, cuando pinto una rosa de "rosa", el color puede ser redundante o excesivo. Hay que mirar, pues, más de cerca y ver cómo esas sombras de púrpura y aquellos visos cremosos añaden profundidad y hondura al objeto, y cómo hacen de la rosa, en este caso, un cuerpo tridimensional.

## Pintando Naturalezas Muertas

Practique pintando visos de luz y sombra sobre objetos que tengan estas simples formas: cubos, esferas y cilindros. Es más fácil concentrarse en los valores cuando uno no tiene que preocuparse por figuras intrincadas o de arreglo profuso. Realice una naturaleza muerta tomando unos cuantos cuerpos sencillos, anticipando lo que podría ser pintar objetos en grupo.

**► DESCRIBIENDO FORMAS** Esta naranja es un buen ejemplo de una esfera. Coloqué los visos y zonas más claras justo donde la luz tiende a golpear, oscureciendo todo a medida que me acercaba a la sombra.

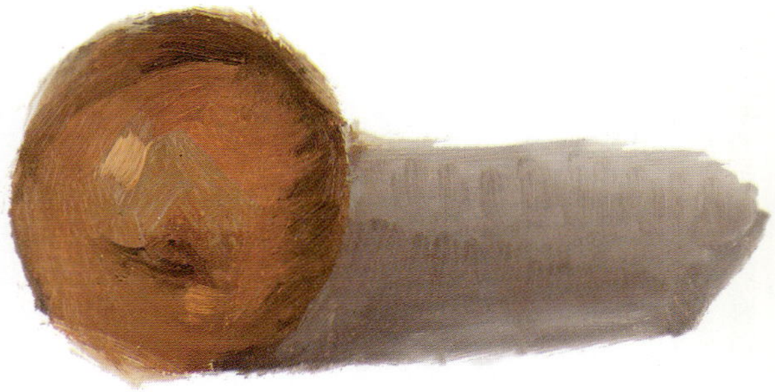

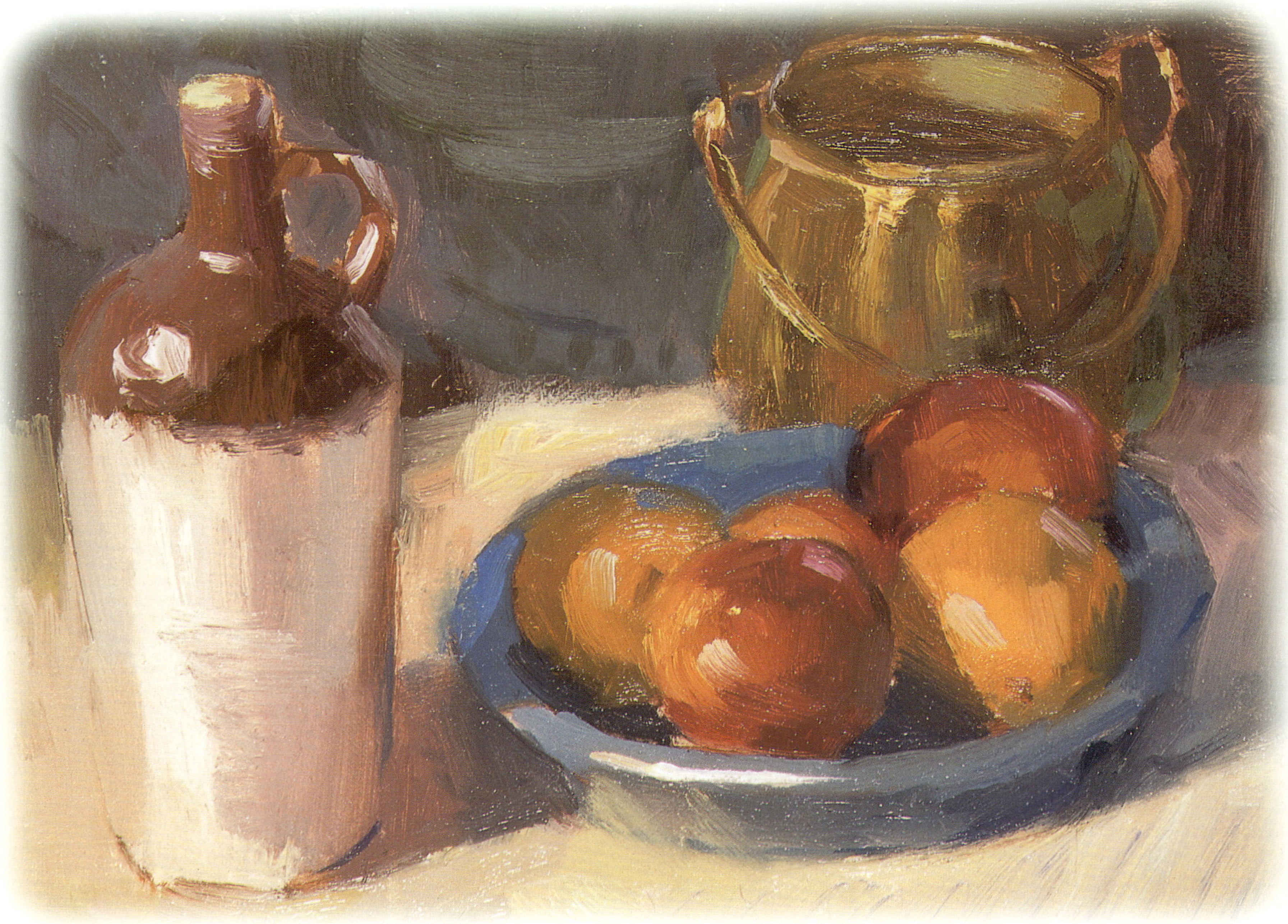

**DEFINIENDO VOLÚMENES** El cacharro y la naranja lucen redondeados y sólidos. Todo gracias a la ayuda de unos precisos visos luminosos y de las sombras proyectadas desde una fuerte fuente de luz.

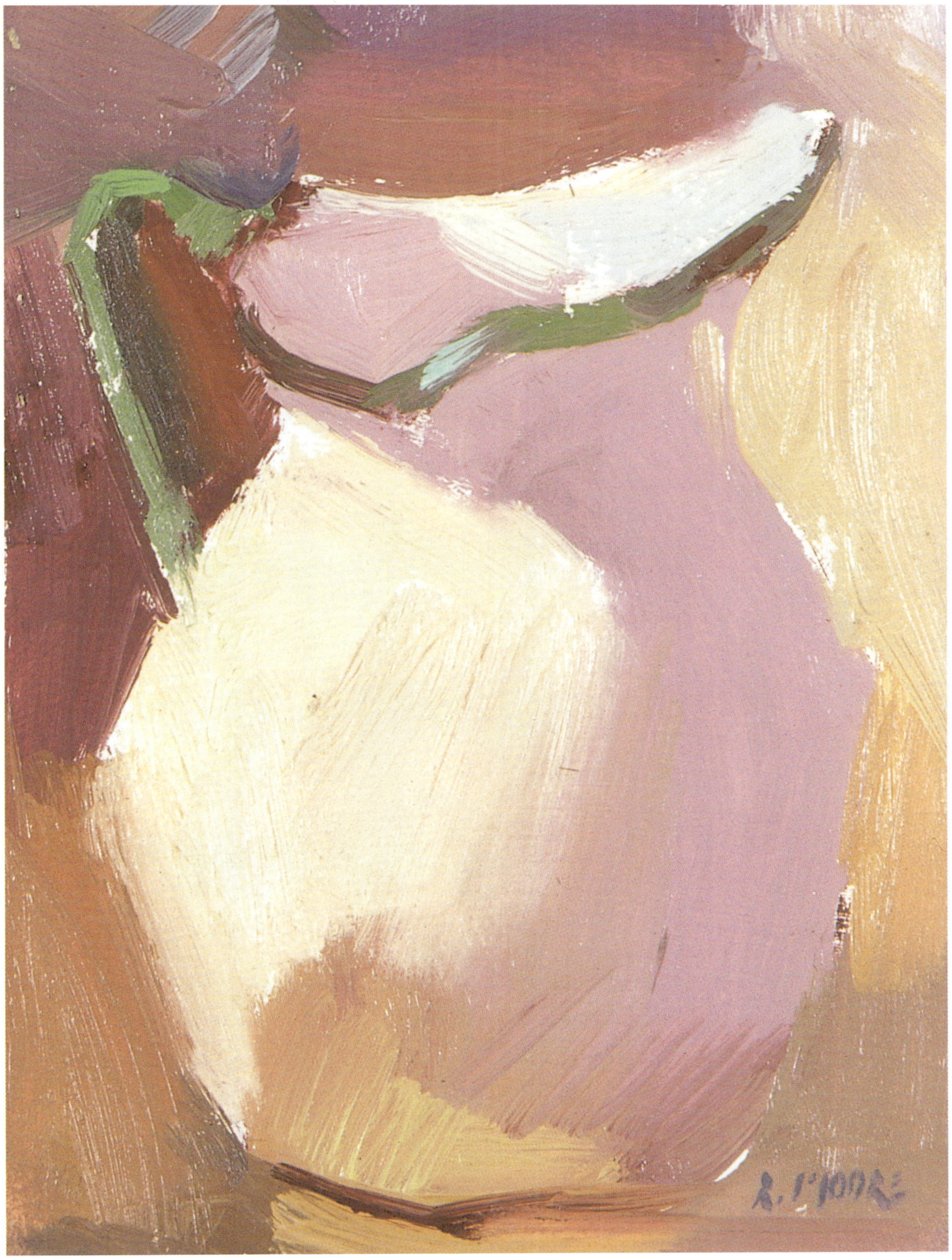

**◄ JUGANDO CON LA LUZ** Frecuentemente inadvertida, la luz que ensayo aquí en amarillo, es reflejada desde la compacta superficie de la mesa hacia la base del cántaro blanco. Frescas sombras surgen en color lavanda. Note cómo el borde del cántaro, en la esquina derecha de su base, se funde con el fondo en penumbra—ejemplo perfecto de "borde perdido".

## Sombras y Volumen

La proyección de sombras se debe a la interposición de un objeto en un flujo de luz. Cualitativamente, las sombras dependen de la dirección de la luz, la distancia respecto a la fuente luminosa, y la superficie donde éstas van a caer. Si la fuente es una bombilla eléctrica puesta de cerca, la sombra en cuestión será de contornos duros. Si se trata de la luz de una ventana, cruzando un cuarto, los contornos serán borrosos. Existe, además, la sombra que tiende a diseñar volúmenes y formas. Sobre un objeto abombado, ésta oscurecerá gradualmente, curvándose a la hechura de la superficie. Sobre un objeto anguloso, la sombra del cuerpo será abrupta y con distintas orillas.

## Contornos Perdidos y Hallados

Cómo ir pintando sus contornos es un buen punto de experimentación, ya que los objetos en el mundo real no están perfilados uniformemente. Un *contorno perdido* es aquel donde el valor de un objeto es similar al de un objeto adyacente, de suerte que ambos tienden a confundirse—los bordes se pierden ante nuestra ojos. Un *contorno hallado* es uno fuertemente definido por contrastes cromáticos o de intensidad (valores).

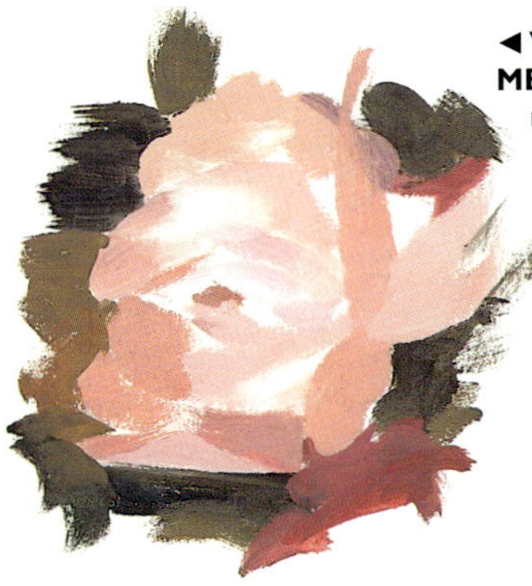

**◄ VALORES ALTOS Y MEDIOS** Llené las masas de valores con un mezclas de rosas, damascos, mates y rojos. Sin el contraste del fondo opaco, la flor en rosa pálido luciría demasiado blanda.

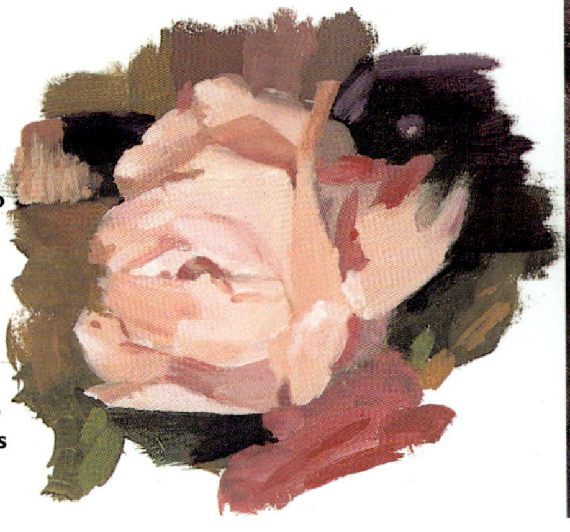

**► VALORES MÁS BAJOS** Cree las sombras usando valores más profundos a partir de la misma mezcla de colores. Utilicé rojo puro de cadmio para los acentos brillantes.

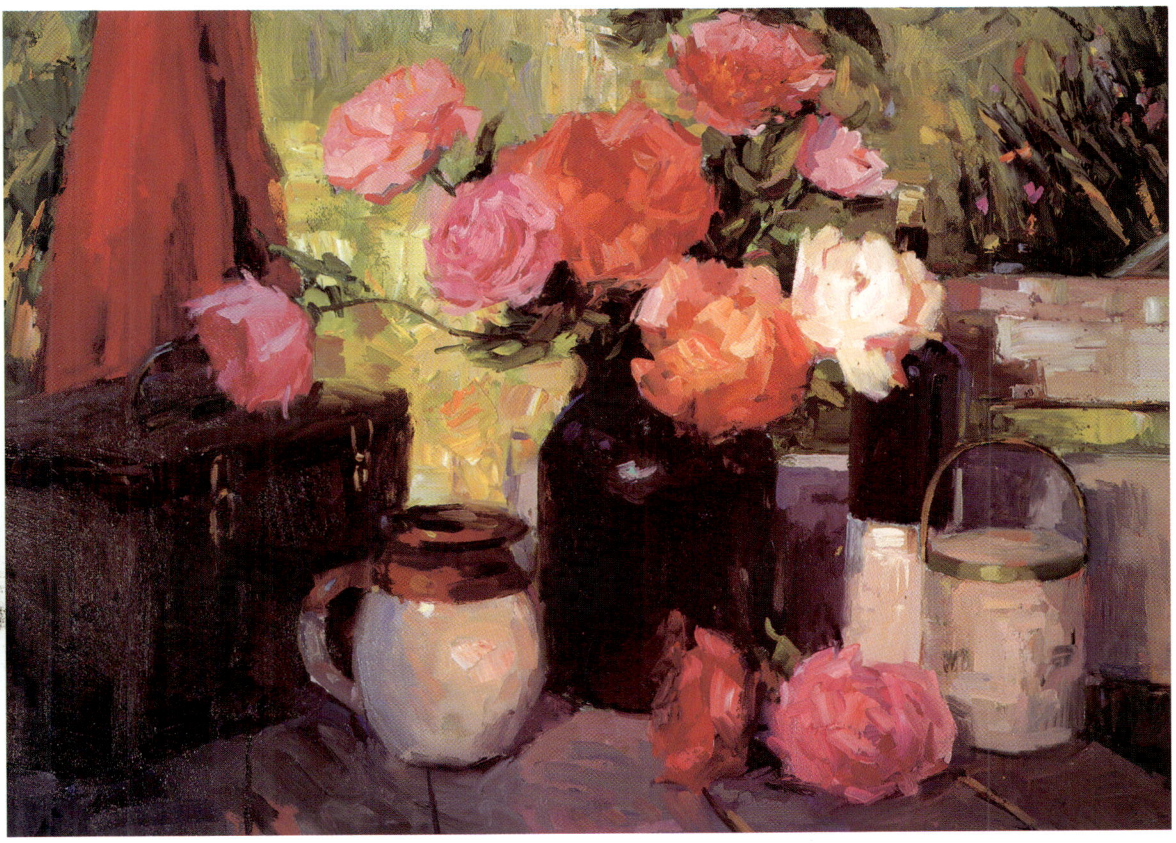

# Horizontes Dramáticos

PINTE UN CIELO FASCINANTE, y el resto del paisaje cobrará una elevación inmediata. La iluminación del cielo ayuda a plantear el carácter general de una pintura. He hecho del cielo el rasgo dominante en muchas de mis obras, algunas veces dándole la "parte del león" en el lienzo. Con todas las diferencias en cuanto a nubes, tipos de clima y estación, existe, naturalmente, una infinidad de temas por escoger. Sólo basta mirar hacia arriba.

## Crear Formas de Nubes

Piense en una nube; ahora dibújela. Sin una referencia fidedigna o si quiera una foto, es difícil no tornar al recuerdo infantil de una nube esponjosa y harto corriente. De ahí que se necesite llevar una especie de almanaque con dibujos de cielos y nubes. Practique pintando todos los diferentes tipos de nubes: estratos, altocúmulos, cirros y nimbos. Las hay de varias capas; algunas lucen ondeantes, y otras espigadas. Pero ninguna luce como el ovillo de algodón que se saca del botiquín de medicinas.

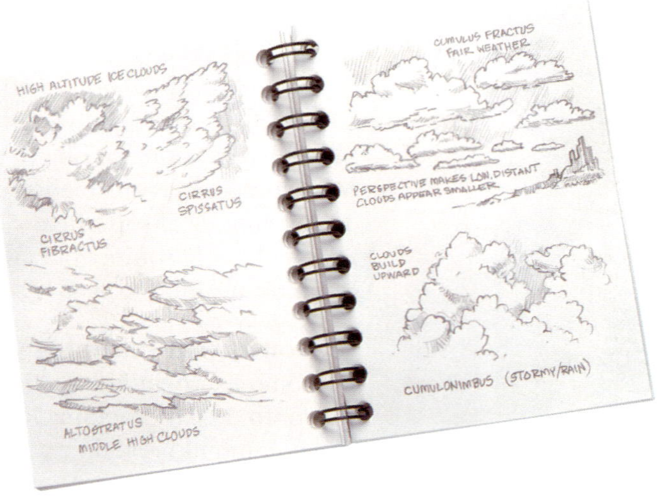


**▶ NUBES BAJO EXAMEN** **Estudie las distintas variedades de nubes, y entonces agréguelas a su libreta de croquis. De esta manera, tendrá una "biblioteca para nubes" que pueda usar espués como referencia.**

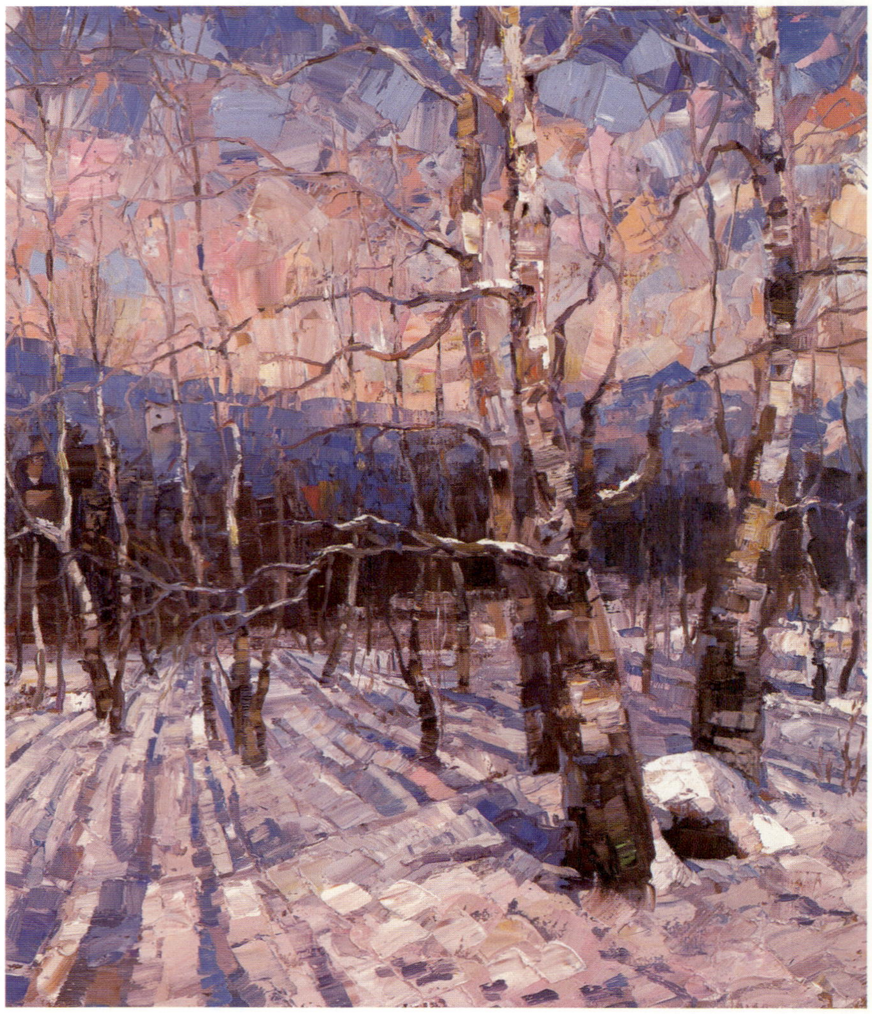

**DESCUBRIR EL CIELO EN LA NIEVE** **Las salidas y puestas de sol pueden conmovernos tanto o más que el cielo y las nubes. Advierta aquí que los rosas pálidos y los suntuosos oros de un crepúsculo se reflejan sobre el estriado manto de nieve.**

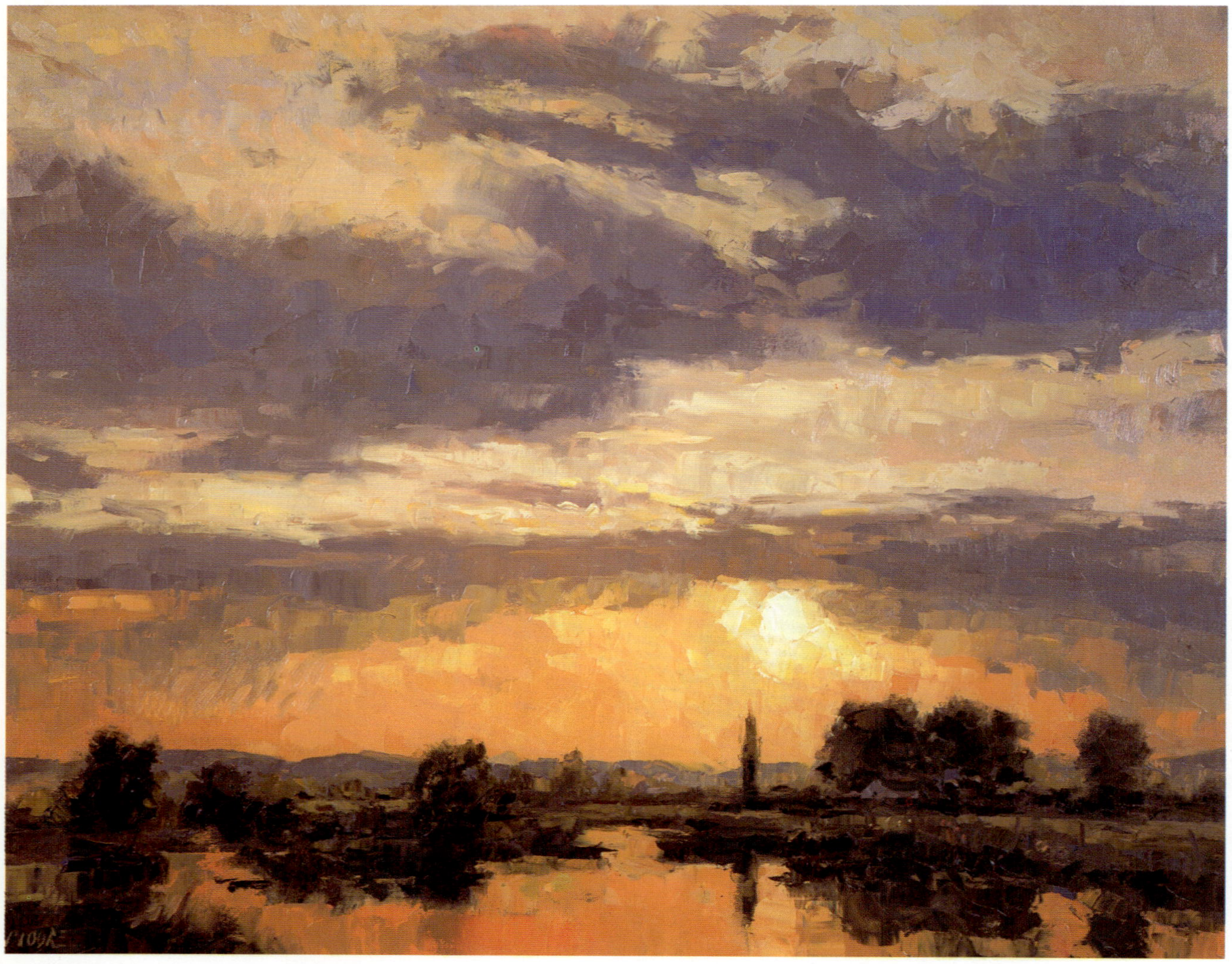

**ESCOGIENDO UN CENTRO** **Aquí he hecho del cielo el centro mismo del lienzo; el alto álamo del paisaje apunta dramáticamente hacia las nubes encendidas.**

## Observando el Tiempo

Tener siempre cielos despejados suele resultar aburrido. El tipo de "azul" que se emplea para ellos, en la mayoría de los casos, es más tibio y oscuro (cobalto) yendo hacia arriba, y más frío y pálido (cerúleo) hacia el horizonte. (Para más información sobre las influencias de la atmósfera en el color, vea la página 24.) Tendemos a tomar el azul directamente del envase, tal vez añadiendo un poco de blanco. Esto sigue siendo un azul muy intenso, sin embargo. Intente matizarlo con su color complementario: naranja. Pinte un cielo gris plomizo, lluvioso, o bien verde con una tormenta al acecho; logrará un efecto ominoso y amenazador.

Espectaculares nubes rosadas, contra un cielo azul, dan a la pintura un sentimiento cálido y gozoso. Pinte desde la naturaleza o utilizando un marco de referencia; desde luego, evite abusar de su memoria. La Naturaleza posee mayor diversidad de la que usted o yo podamos imaginar.

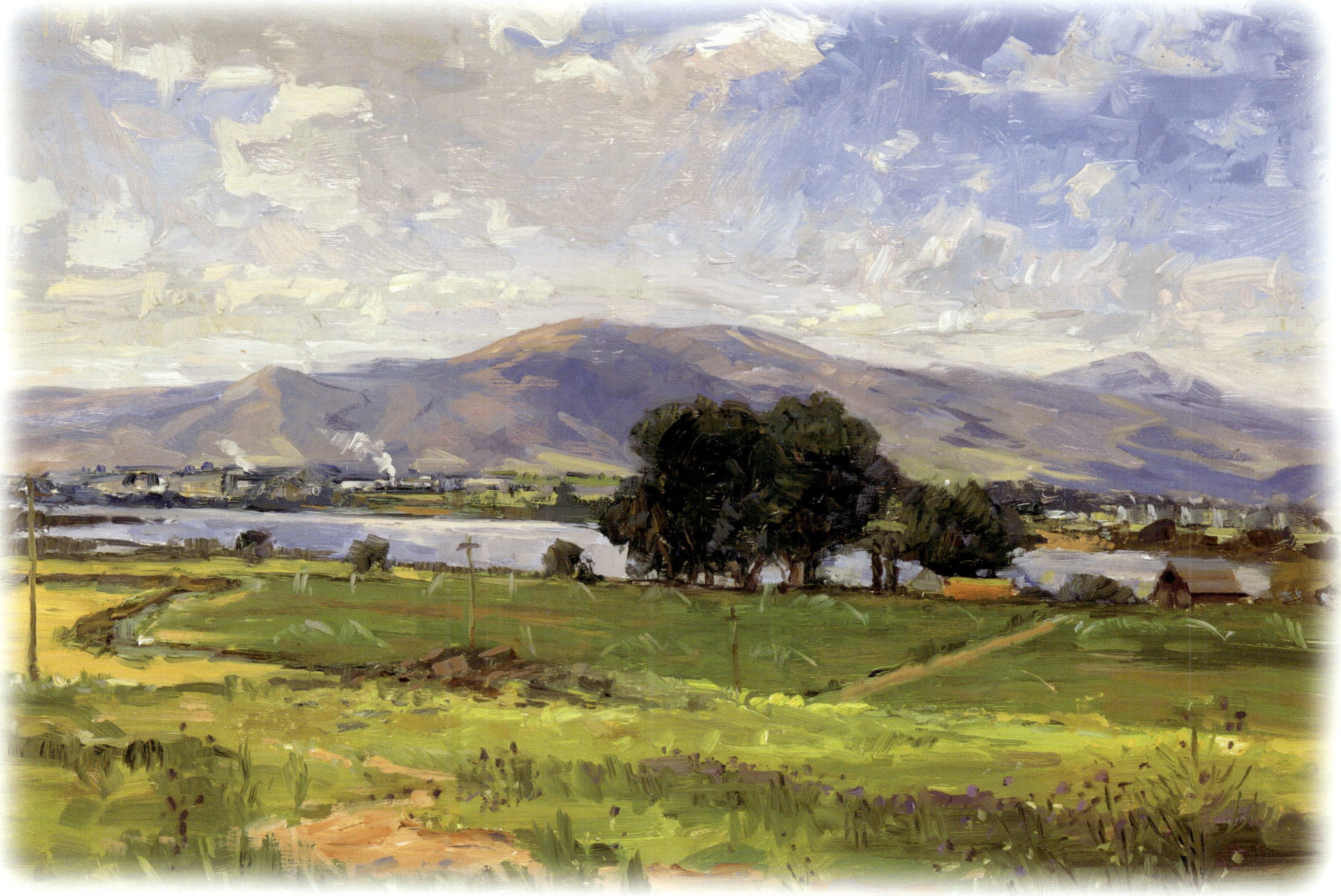

▲ **UNA ESCENA CON VIENTO RASANTE** Una poderosa brisa se hace evidente a través de las ondas de la hierba, en un primer plano, tanto como en las movedizas nubes de encima. Procedí con vigorosas y sugerentes pinceladas, yendo en todas direcciones con tal de capturar el movimiento de la escena. Para este cielo agitado, empleé blanco y ultramarino mezclado con diferentes colores, tal como aparece abajo (ver detalle).

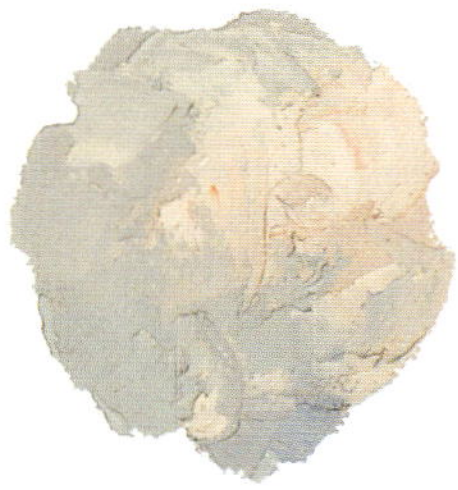

**Valores claros:** Blanco y una pizca de azul ultramarino, y luego blanco con una pizca de naranja de cadmio.

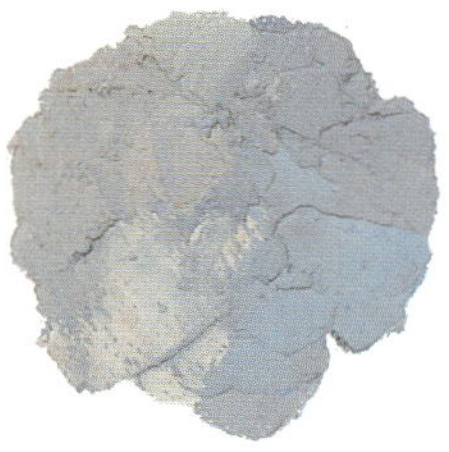

**Valores medios:** Blanco y azul ultramarino, y luego blanco con una pizca de rojo mediano de cadmio.

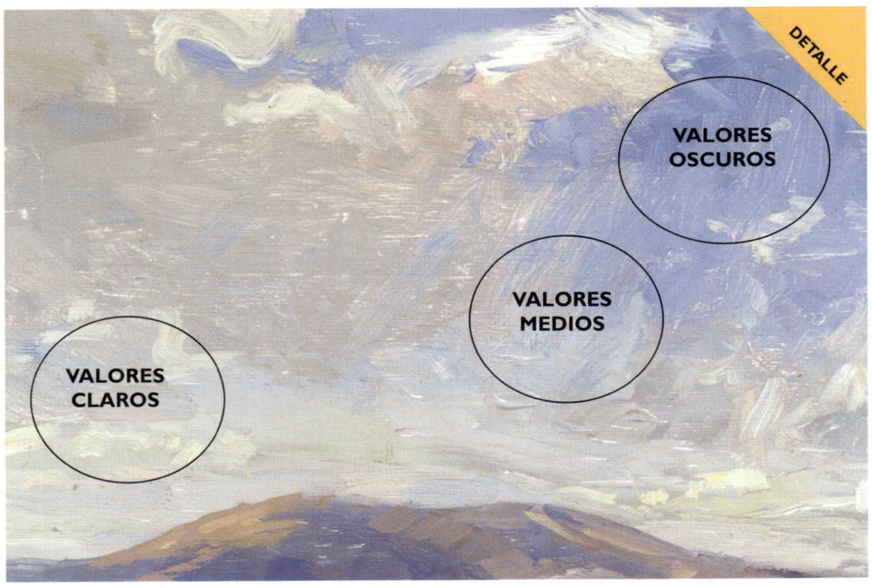


◀ **DETALLE** Los tres brochazos muestran las mezclas de colores que use para las tres areas circuladas en este detalle de la pintura de arriba.

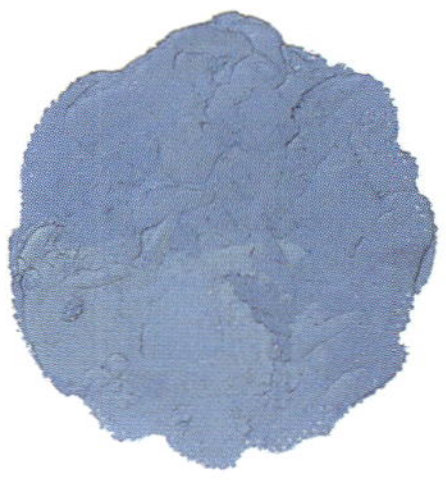

**Valores oscuros:** Blanco y azul ultramarino, más una pizca de violeta.

## Corrigiendo Errores

Dije en la primera página que la pintura al óleo era indulgente y sólo ahora, en la página 15, vengo a explicarlo. Existe libertad en la pintura al óleo, toda vez que los errores pueden ser fácilmente enmendados. Mientras la pintura esté todavía mojada, usted puede limpiar el área afectada con un tisú, borrajearla con un poco de papel periódico o retirarla con su espátula. Limpiar puede ser también una técnica muy positiva, y no meramente un método correctivo. Note en este ejemplo cómo un pañuelo de papel es aplicado en orden a clarear unas nubes por encima de otras.

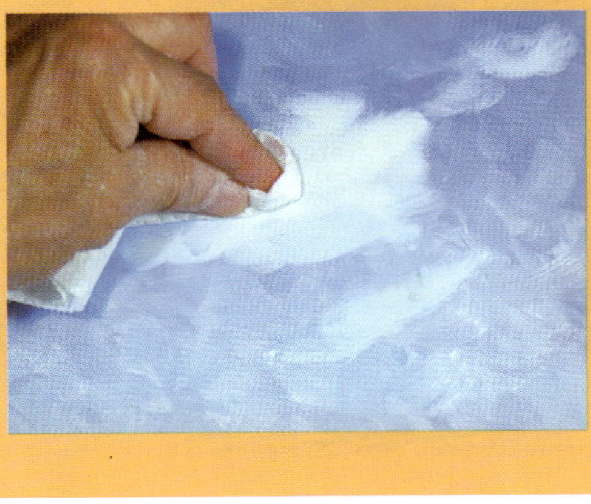

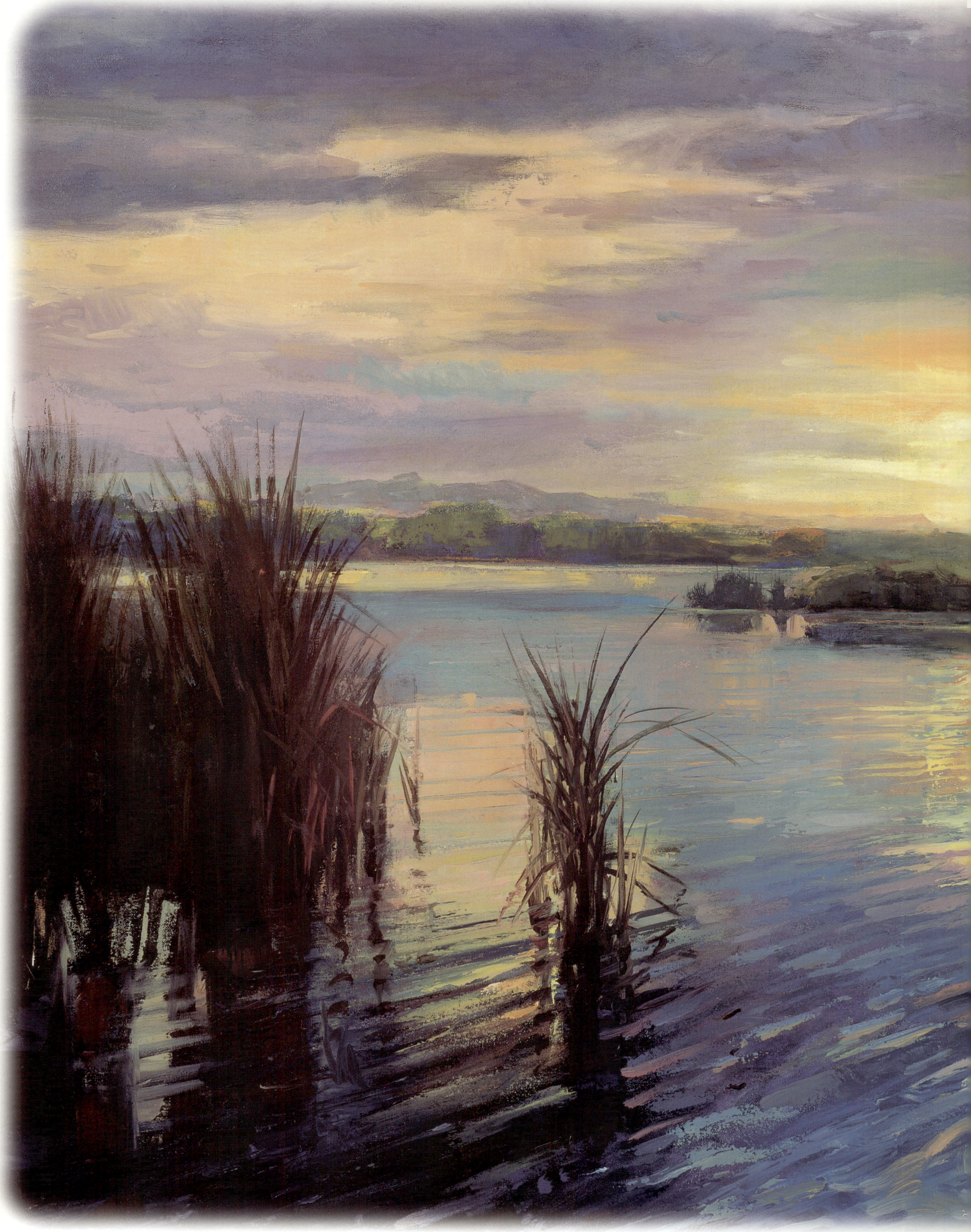

**LUZ E INSPIRACIÓN** Abrumado, mientras pintaba el movimiento del agua y la luz durante la puesta de sol, pensé: "No se consigue mucho con esto". Sea como sea, deje que la belleza del r

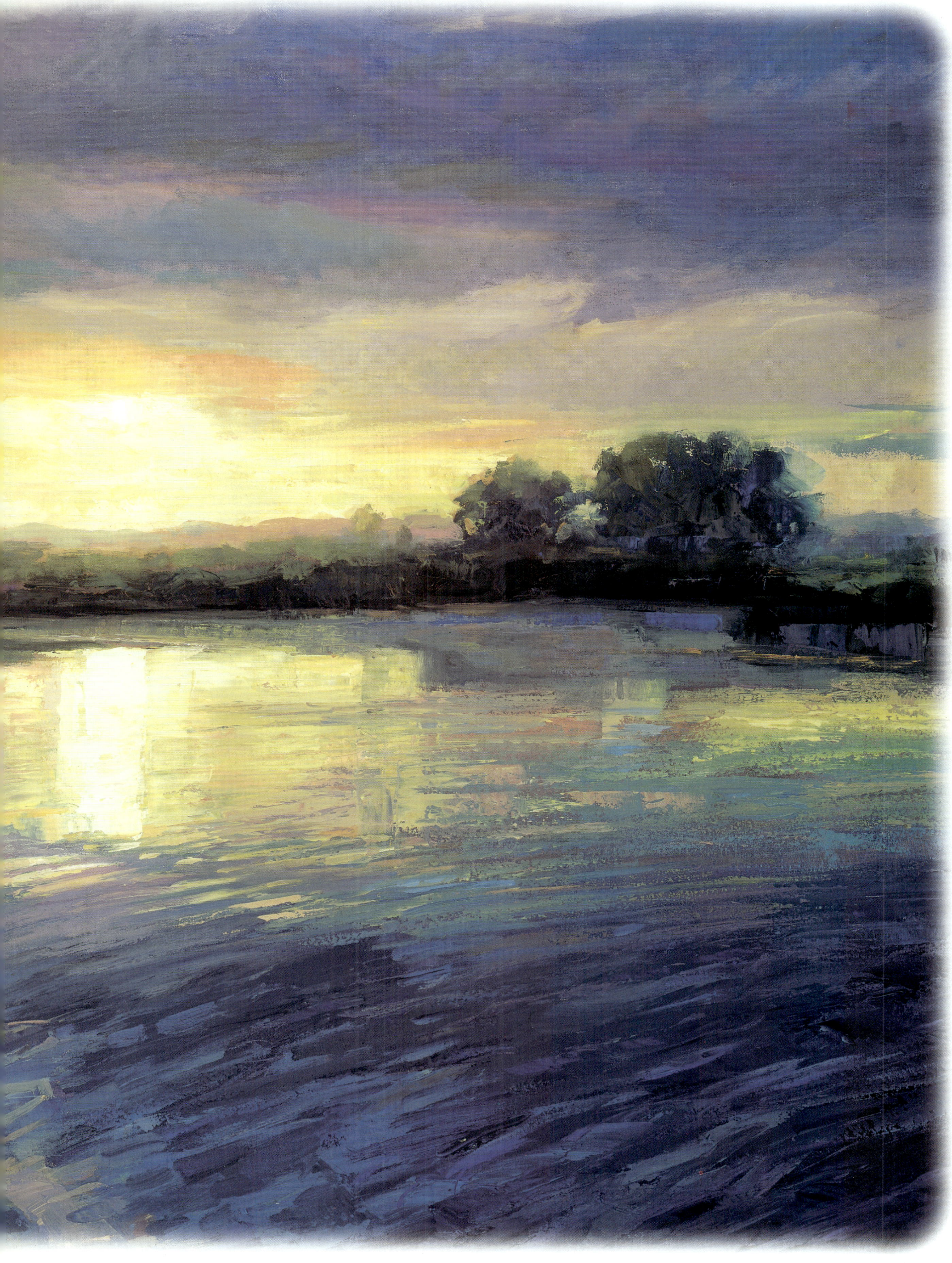

e inspire. Encuentre la escena que encienda su imaginación y su espíritu creativo—¡entonces la pintura estará hecha!

# Creando Vívidos Conjuntos Florales

TOMADAS POR SU FRESCURA y su lozanía cromática, la gente prefiere pintar flores antes que cualquier otra cosa. Rescatar esa belleza efímera sobre el lienzo parece casi un triunfo sobre el tiempo. La pintura al óleo es un medio perfecto para recrear el color de las flores, no importa cuán débiles o vibrantes. Y es excelente para describir, en términos de textura, suaves pétalos u hojas ensortijadas. Gusto, personalmente, del desafío composicional que hay en pintar buqués y demás temas florales.

### Abordando Su Trabajo

Un consejo al momento de planear la pintura: A veces las mejores composiciones son accidentales—unas tazas de café sobre la mesa, acompañadas por una jarra con un ramillete dentro. No luche por conseguir el conjunto perfecto o la pintura perfecta. Aun si admira el trabajo de otro artista, de seguro usted no deseará hacer copias exactas. Pintar es expresar su individualidad, así que hágalo por gusto personal y no por una eventual aprobación externa. Piense sobre el motivo que ha escogido—la belleza de las flores—y no se preocupe de cómo saldrá la pintura. Jamás saldrá mal.

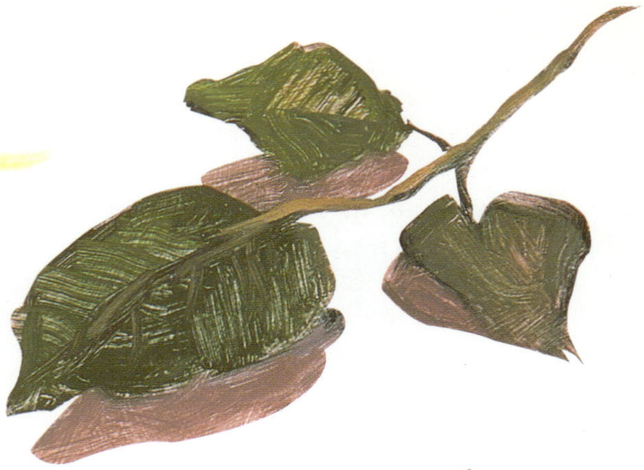

**▶ EMPEZANDO MAGRAMENTE** Cuando pinté estas hojas, comencé con una capa de pintura más o menos diluida, "magra", a fin de establecer una buena base de color.

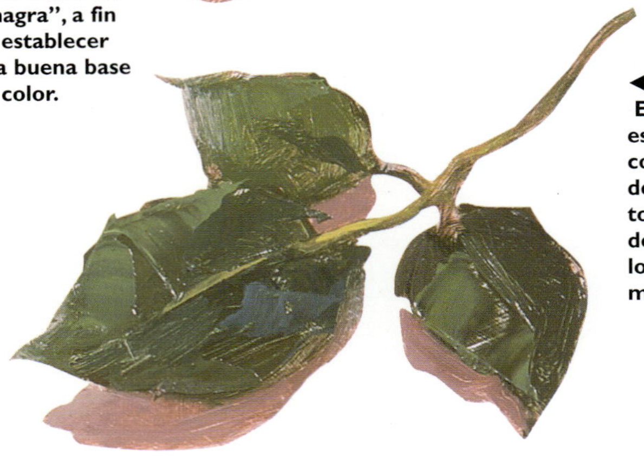

**◀ CONSTRUYENDO EL GROSOR** Ocupé mi espátula para "abultar" el color con algunas untadas de pintura—pintura del todo densa. Me aseguré de dejar crestas duras en los bordes para una mayor dimensión.

### Equilibrio y Punto de Vista

Cuando monto un conjunto floral, trato de no hacinar las flores en el jarro; les permito inclinarse y descansar. Si el arreglo es demasiado alto, pondré algo a los lados por mero sentido de proporción—una fruta, un capullo caído, o mi cacharro favorito. Con esto, el arreglo ya no lucirá tan vertical. Luego muevo el jarro, buscando lo mejor para mi punto de vista. Miro arriba y abajo, a fin de hacerme una idea.

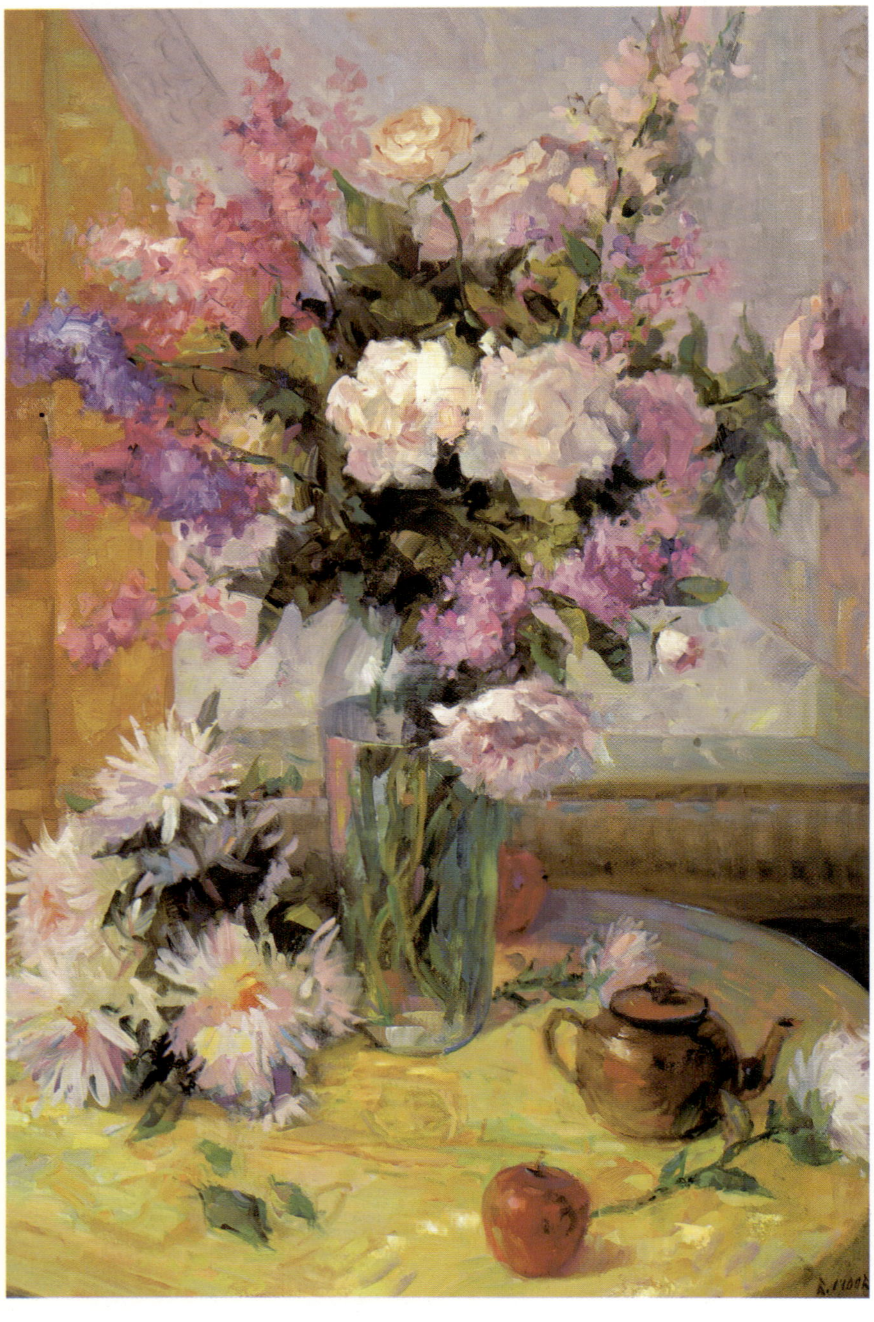

**AGREGANDO MOVIMIENTO** Escogí una vista de arriba hacia abajo, de modo que el conjunto tuviera más movimiento—movimiento que va de la tetera al ramillete de arriba, y de aquí hasta las flores tumbadas. Advierta que no hay dos flores que compartan el mismo ángulo.

## Pintando "Rompecabezas" de Cristal

Un recipiente de vidrio o cristal distorsionará cuanto quede detrás o dentro de él. No piense que la flor sale del jarro en un sentido estrictamente físico; más bien, considere todo en términos de formas, colores, valores e intensidad. Busque las luces y opacidades que puedan darle pistas sobre la forma del objeto—cómo el borde superior o la cavidad del medio capturan la luz, o cómo la base elíptica tiende una curva más opaca hacia un lado y no otro. Es como un rompecabezas: las piezas no tienen mucho sentido, hasta no encajar con el resto del juego. Et voilà: ¡vidrio!

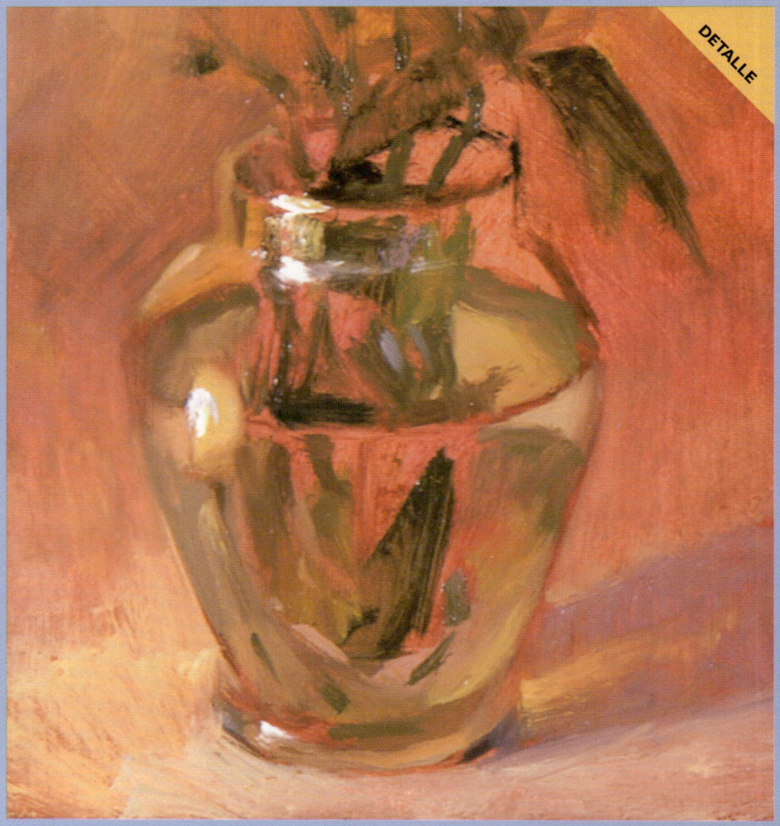

### Agregar Color y Dimensión

Una vez con las flores desplegadas a mi entera satisfacción, empiezo a buscar "patrones" más que elementos individuales. De otro modo, existe el peligro de empantanarse con los detalles y perder el sentido de unidad. Primero pinto toscamente las siluetas de todo el arreglo; luego, los círculos u óvalos básicos que servirán a los capullos. Inicialmente, acostumbro a colorear grandes áreas con capas delgadas, acumulando después capas más gruesas y detalles más finos. Se trata de "pintar grueso sobre delgado" (ver la explicación sobre las hojas en la página opuesta). Otro procedimiento, llamado *impasto* (ver página 10), sirve para agregar realce a las orillas de un pétalo o una hoja. No obstante, al menos de entrada, prefiero trabajar de manera menos densa. La pintura gruesa tarda más en secar.

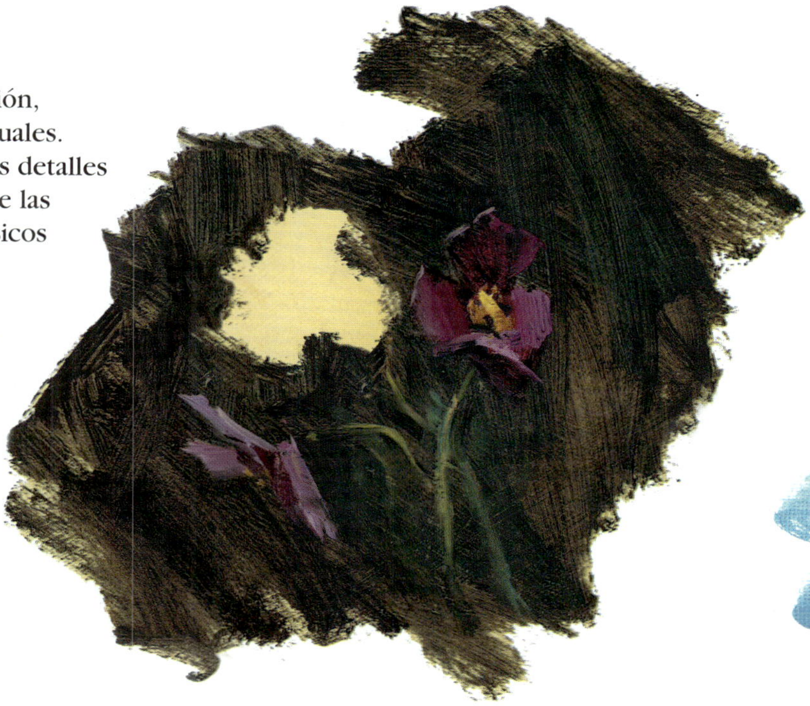

**◄ NOTE LOS ESPACIOS NEGATIVOS** **Cuando pinto flores pálidas, hallo de gran ayuda rellenar los entornos de negro. Si pinto cuidadosamente las formas "negativas", las flores parecen surgir con fuerza propia—¡un resultado positivo!**

**Sugerencia para el Artista**

Demoro dos o tres horas en completas una pintura simple y pequeña. En su caso, ganará confianza y velocidad con cada nueva pintura.

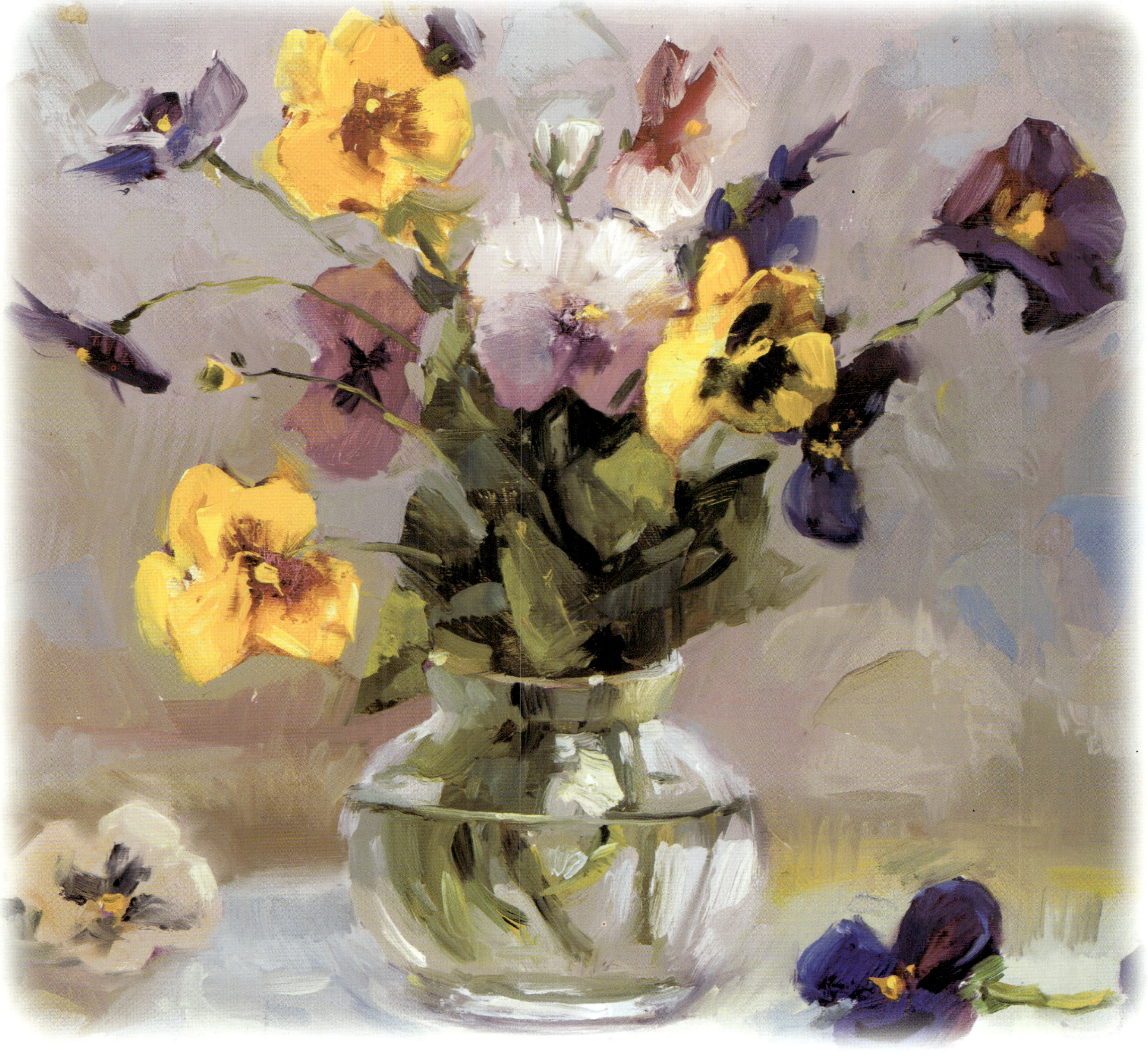

**TRABAJANDO RÁPIDO** **Pinté esto *alla prima*—en una sola sesión—, pues los pensamientos no duran mucho. He aquí una muestra de espontaneidad y frescura.**

# A través de las Estaciones

DISFRUTO AL PINTAR ÁRBOLES, dada la diversidad de sus tipos y la mudanza que experimentan con cada cambio de estación. Ensaye usted con unos cuantos de ellos: robles extensos, álamos cilíndricos, abetos cónicos, olivos enroscados, y palmas con forma de abanico. Escoja sus favoritos y haga de los árboles el motivo central de su pintura. Descubrirá que los óleos se prestan perfectamente para modelar este tipo de vegetación: la pintura, punteada de manera impresionista, insinuará un espeso y tupido follaje—o bien, aplicada en delgadas capas, al menos permitirá que los colores brillen unos a través de otros.

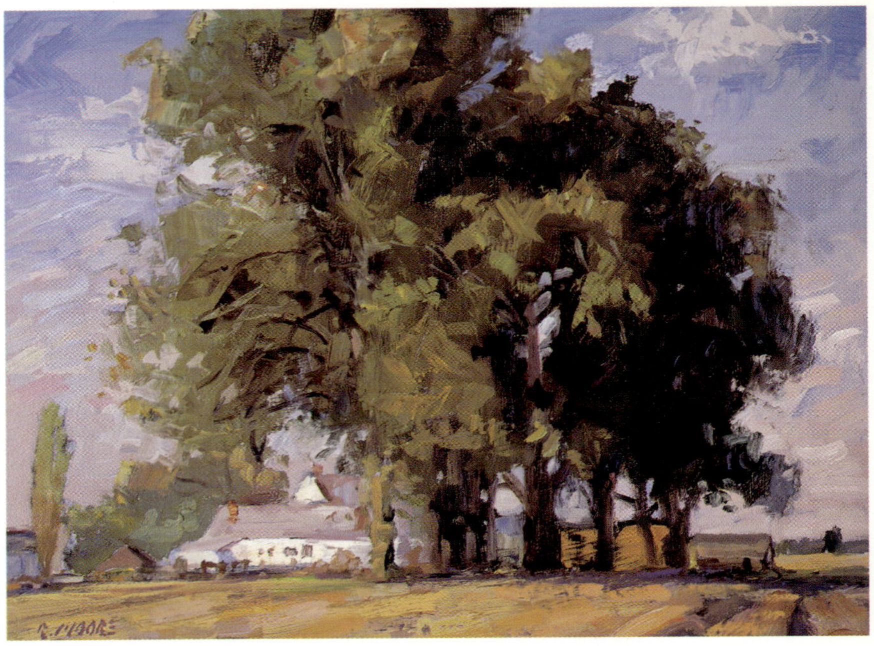

**ALGODONEROS DE VERANO** ¡Las amplias colgaduras de follaje casi consiguen esconder las ramas y el tronco de este árbol! Las hojas de verano se suelen pintar con predominancia de verdes y azules, y amarillo y blanco para las zonas luminosas.

**Paleta de Verano**

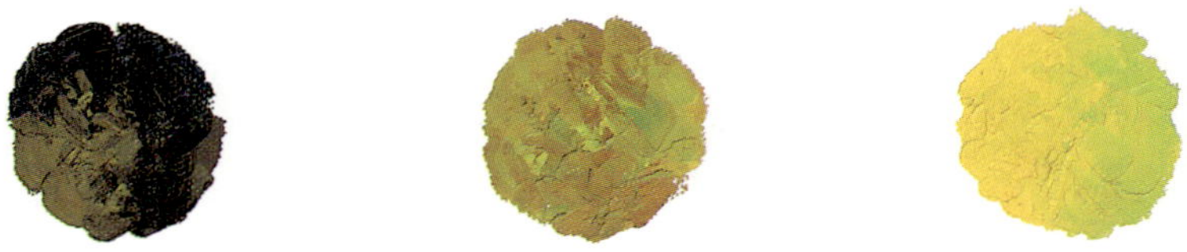

| Valores oscuros: | Valores medios: | Valores claros: |
|---|---|---|
| Siena tostado, azul cobalto, verde viridiana y violeta de quinacridona. | Amarillo ocre, siena tostado, verde viridiana, y amarillo mediano de cadmio. | Amarillo claro de cadmio, más blanco y verde viridiana. |

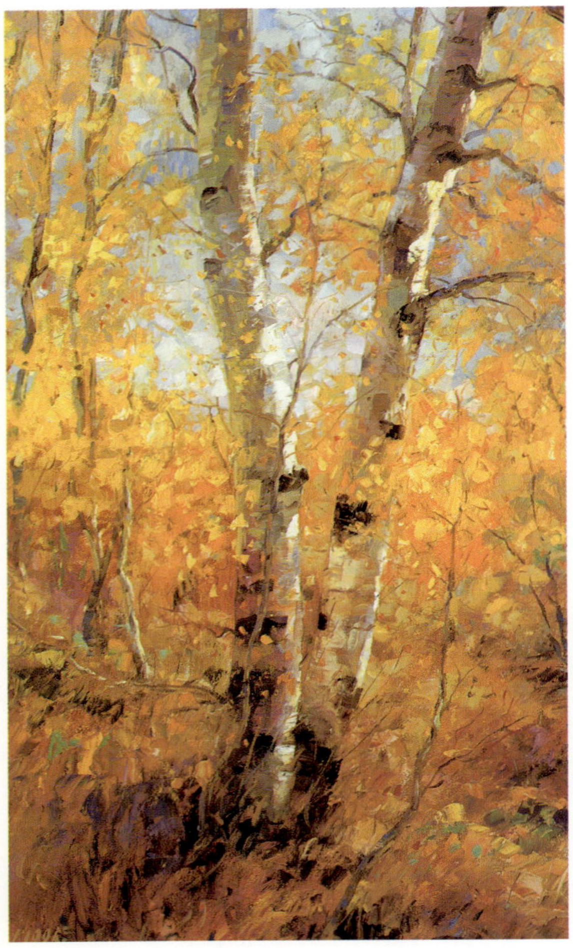

**◀ ÁLAMOS TEMBLONES** Aquí, para el follaje de otoño, empleé mezclas de siena tostado, amarillo claro de cadmio, y algunos toques de violeta. Colores así crean cierta perplejidad; pero pienso que la corteza descascarada, por su interés plástico, aún es una buena coartada. Para la corteza, usé un pincel chato; con él di estocadas fuertes y horizontales, adaptándome a la curva del tronco.

**Paleta de Otoño**

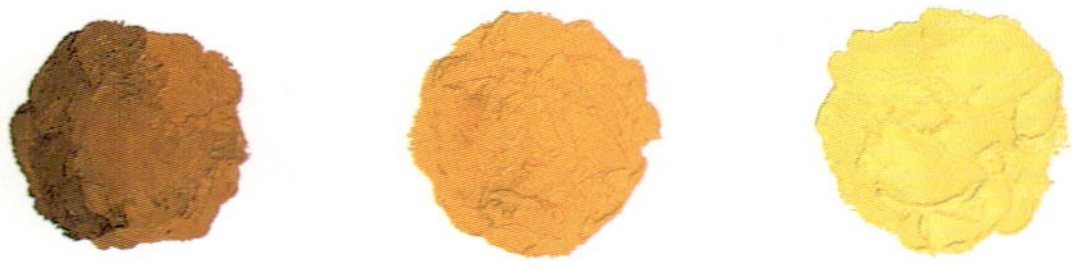

| Valores oscuros: | Valores medios: | Valores claros: |
|---|---|---|
| Siena tostado con pizcas de marrón alizarino, naranja de cadmio y violeta. | Amarillos claro y mediano de cadmio, más una pizca de violeta. | Amarillo claro de cadmio, más una pizca de blanco de titanio. |

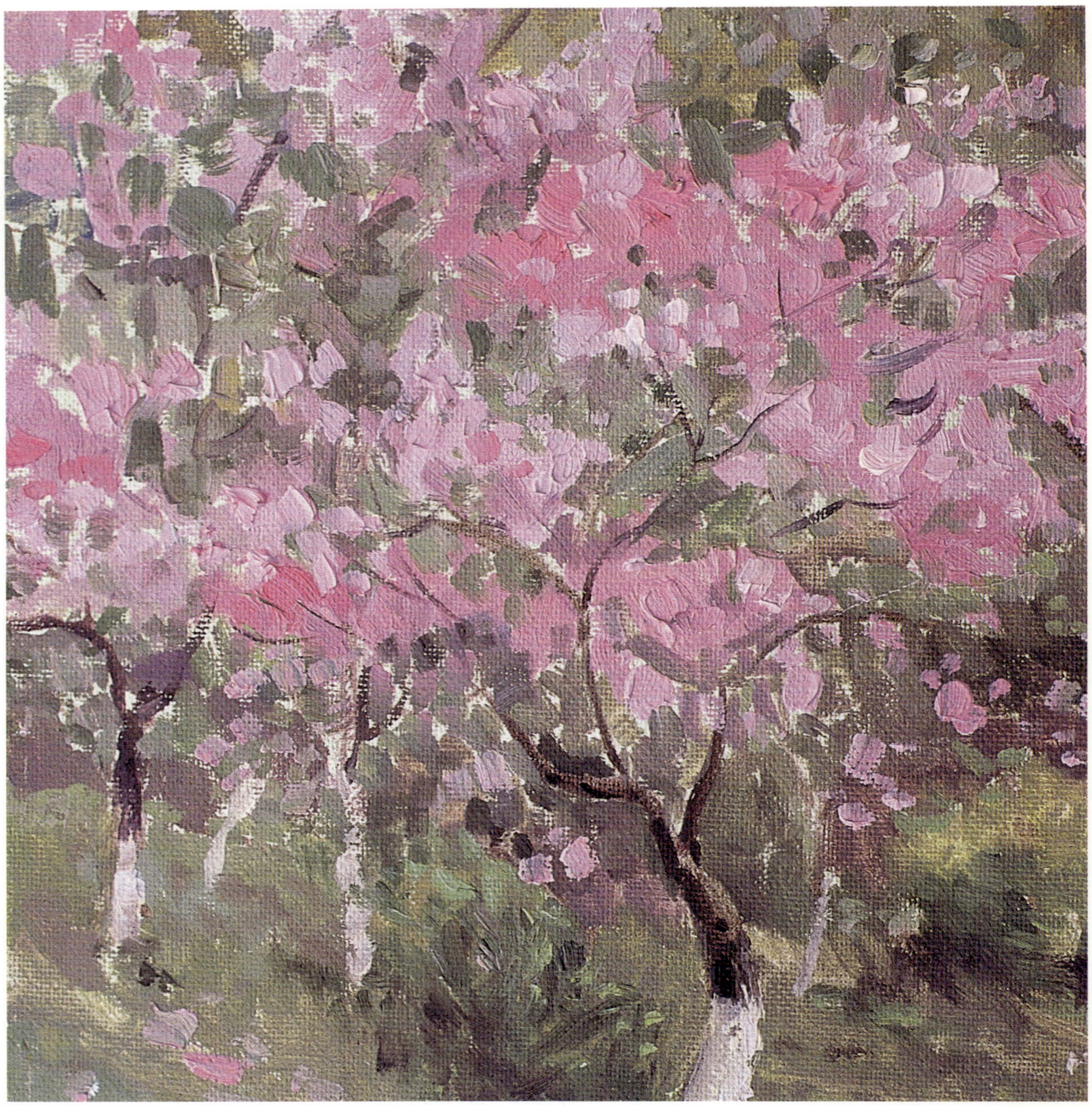

**HUERTO DE CEREZOS EN PRIMAVERA** Cuando pinto árboles en flor, como estos cerezos, mi paleta se carga con tonos rosados, y mezclas de marrón alizarino, violeta y blanco.

**Paleta de Primavera**

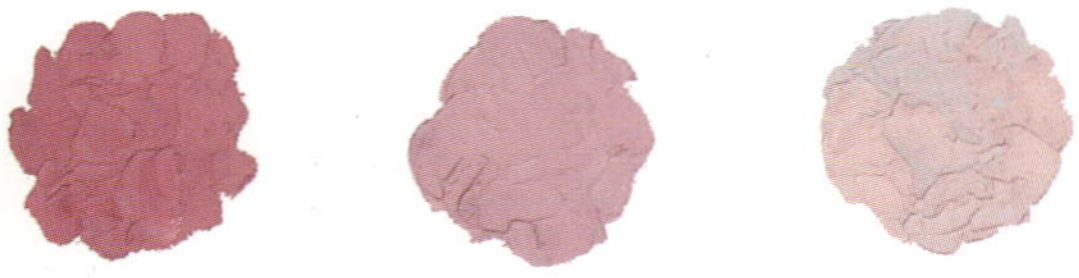

| Valores oscuros: | Valores medios: | Valores claros: |
|---|---|---|
| Blanco, marrón alizarino, y violeta. | Blanco y marrón alizarino. | Blanco, violeta y marrón alizarino. |

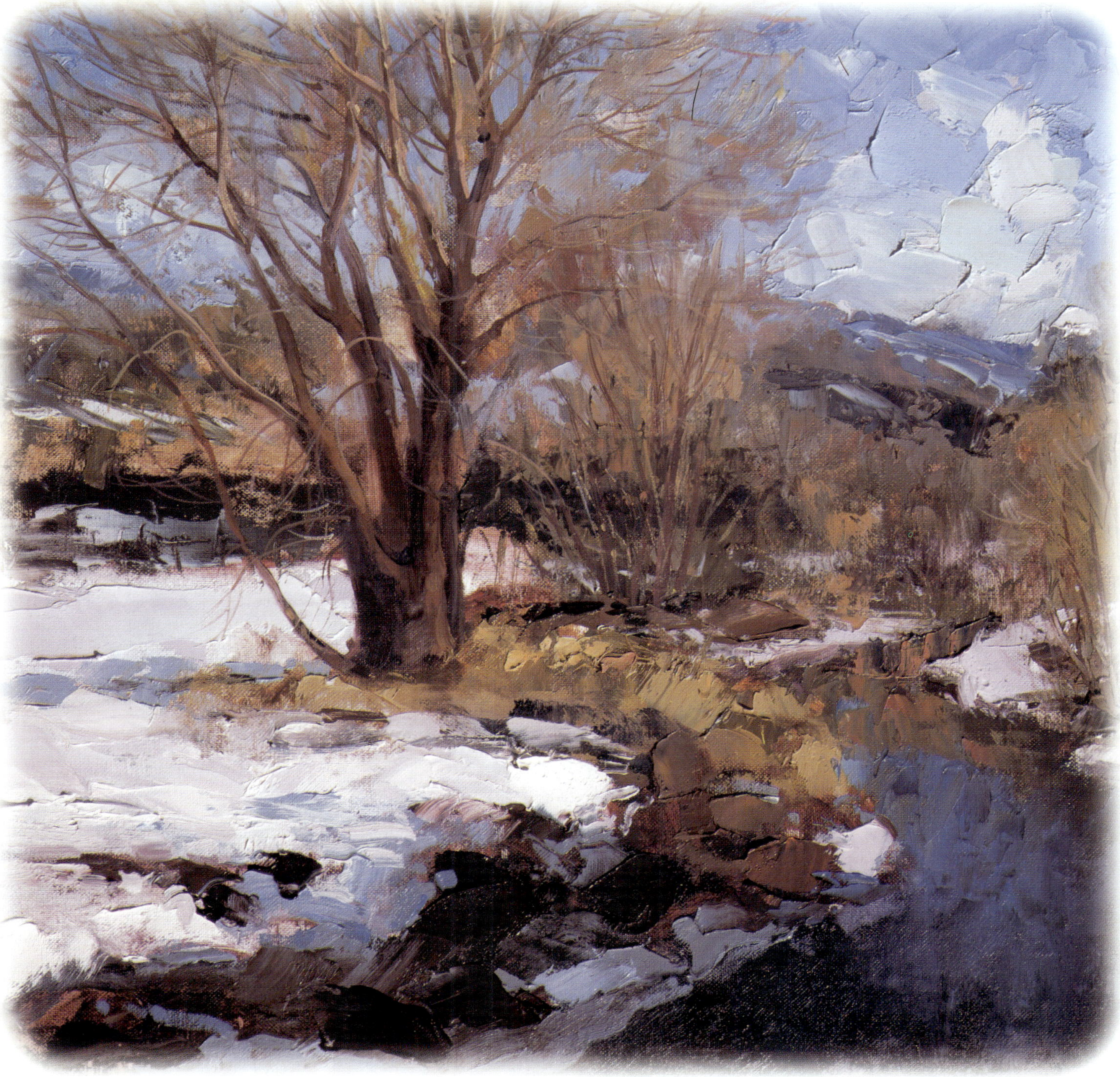

**Paleta de Invierno**

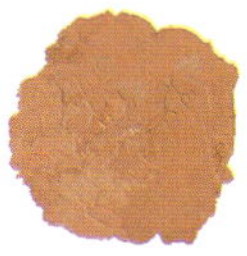

**Valores claros:**
**Todos los medios, más un pizca adicional de naranja de cadmio y blanco de titanio.**

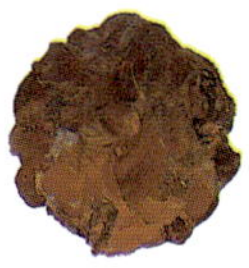

**Valores medios:**
**Siena tostado, amarillo ocre y naranja de cadmio.**

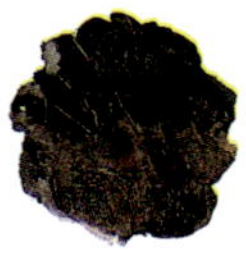

**Valores oscuros:**
**Siena tostado y negro de marfil.**

**◄ ALGODONEROS EN INVIERNOS** **Las ramas no están pintadas con los aburridos marrones que uno podría sacar directamente del tubo. Al contrario; el aspecto realista fue logrado gracias a que agregué azul ultramarino para las sombras y amarillo ocre para los visos luminosos.**

## Un paisaje Nevado

La nieve refleja el color de su entorno. Tratándose de un día brillante y asoleado, como sucedió cuando pinté la escena de abajo, añado a las zonas claras algo de amarillo. Luego, aplico azul pálido sobre las huellas poco profundas; y un azul grisáceo, más oscuro, en las hondas. Asumiendo que la superficie de nieve no es plana, voy variando el tamaño, forma, y dirección de mis pinceladas con tal de imitar los amontonamientos nevosos.

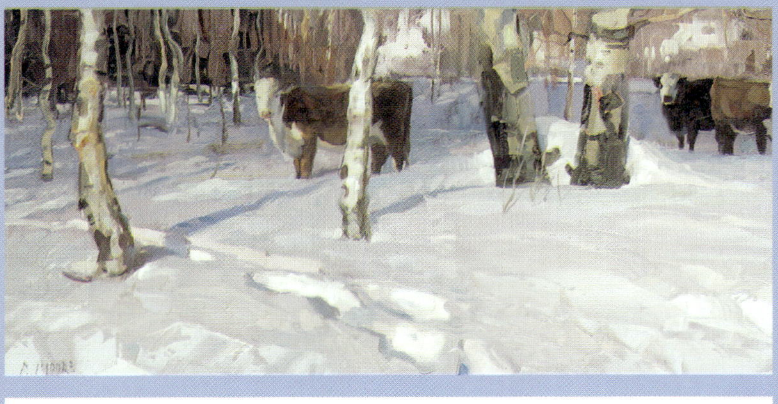

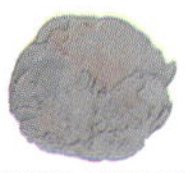

**Valores oscuros:**
**Blanco, azul cobalto, violeta, rojo medio de cadmio, y negro de marfil.**

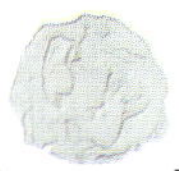

**Valores medios:**
**Blanco más pizcas de violeta de quinacridona, azul cobalto y naranja de cadmio.**

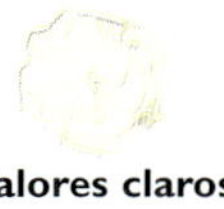

**Valores claros:**
**Blanco más pizcas de amarillo claro de cadmio y naranja de cadmio.**

### Estaciones Cambiantes

Es una alegría pintar árboles de hoja caduca a lo largo del año. Los volubles colores del otoño, y los perfilados y severos ramajes del invierno; todo, en verdad, resulta fascinante. Florecientes árboles en verano, y luego pesados de frutos en tiempo de cosecha; árboles que plantean un espectáculo igualmente cegador. En efecto, hay sutilísimos cambios en cómo los pálidos amarillos verdosos de la primavera se reconcentran hasta alcanzar los azules verdosos del verano.

### Buscando Formar Simples

Pintar árboles de manera realista presupone considerar las diferencias individuales de cada ejemplar, y retirar cualquier elemento distractor. Relevante, en este sentido, es el tamaño del árbol, la forma de su silueta, su color, y la densidad de su follaje. Note usted, además, cómo la mayoría de los troncos no se alza uniformemente, y cómo las ramas pueden caer o doblarse. Observe cómo algunos contornos son suaves y vaporosos, mientras otros secos y detallados. Un exceso de contornos duros, por ejemplo, recortará el árbol y lo hará lucir plano. (Superponer pintura húmeda a un fondo húmedo es una vía segura para suavizar los contornos de una pintura.) Si observa y sigue detenidamente la forma de los árboles, su copa y el orden de sus ramas, no dudo de que logrará una recreación convincente.

# Pintura y Composición

COMPOSICIÓN SIGNIFICA SIMPLEMENTE ORGANIZACIÓN—seleccionar, clasificar, retirar, agregar—en vistas a un cierto arreglo de formas y objetos que sea atractivo para el observador. La pintura al óleo dista de ser un mero ejercicio de copia. Es un error pensar que el éxito de una pintura reside en tal cosa. De modo que si su trabajo en el pincel no hace milagros, no se descorazone. Virtuosismo y minuciosidad en los detalles, no son requisitos esenciales para la pintura al óleo; pero sí una buena composición. Aquí he recurrido a algunas pinturas hechas durante mi viaje a Italia; con ellas expondré los diferentes elementos de composición.

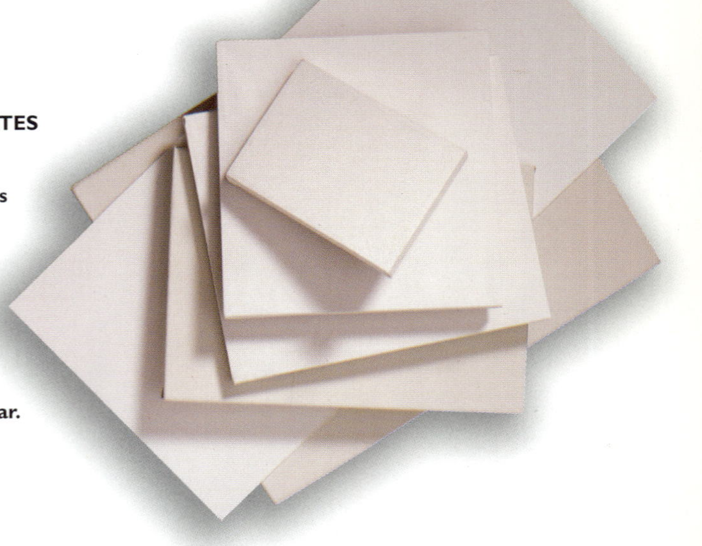

**▶ COMPRAR SOPORTES YA PREPARADOS** Las tiendas de arte trabajan con diferentes formas y tamaños de lienzos previamente imprimados y tensados. Me decido por los que mejor se adapten, en dimensión y formato, al tema que voy a plasmar.

## Escogiendo un Formato

El tamaño y la forma de una pintura constituyen parte integral de su composición. Formatos pequeños jalan al observador para ver de más cerca. Úselos para retratos íntimos y sencillas naturalezas muertas. Los formatos más grandes, en cambio, poseen un aura de importancia que coincide frecuentemente con su escala. Si planea pintar una escena épica, ¡piense en grande! Cuerpos de magnitud (como edificios, gente parada, o grandes arreglos florales) requieren un rectángulo vertical para manejar su altura. Pero si voltea este rectángulo horizontalmente, tendrá entonces un encuadre ideal para un paisaje. Escoja el formato que más convenga al motivo de su pintura.

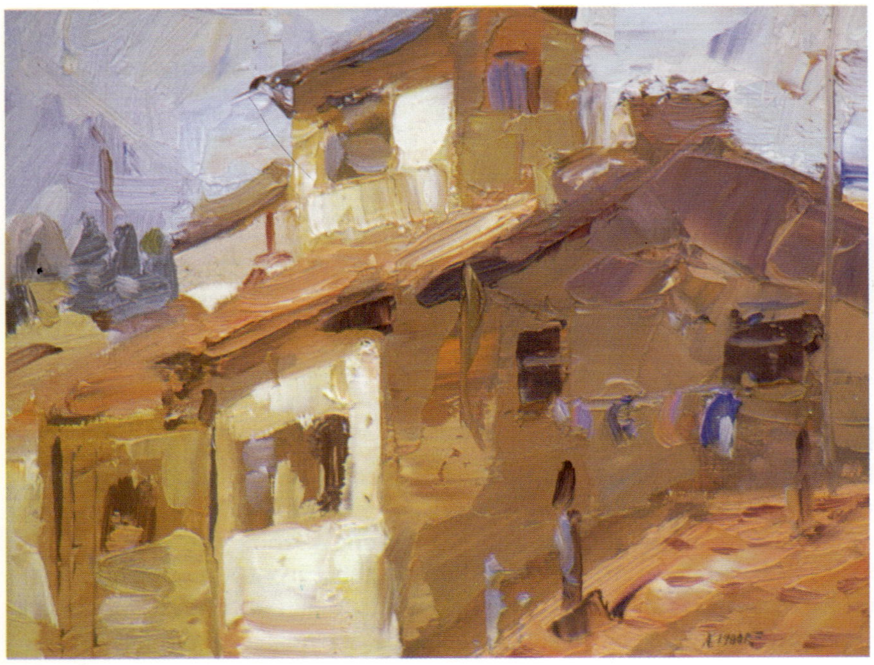

**DESCUBRIENDO UN ÁNGULO** Para este tejado, escogí un formato horizontal e hice un recorte cercano a la escena, para darle al observador una sensación de pertenencia.

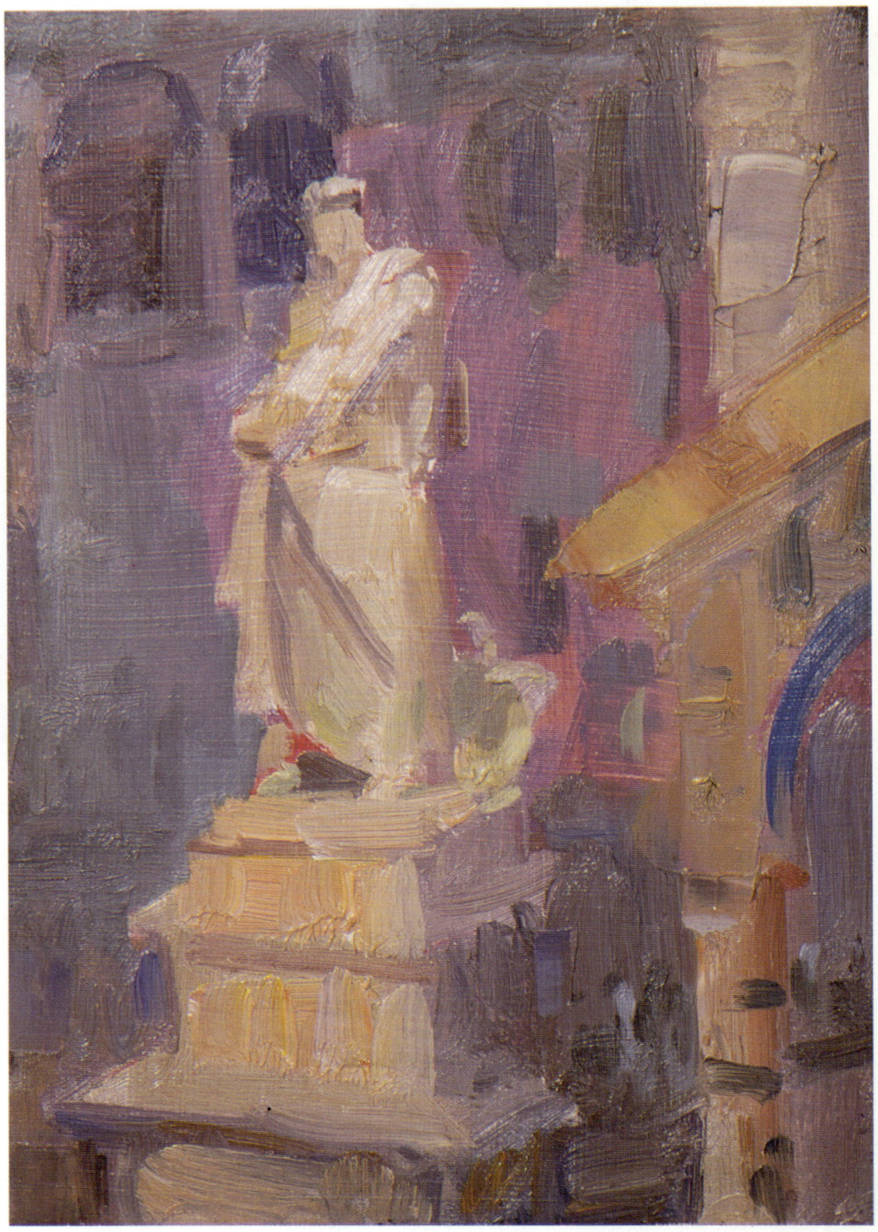

**ENFOCANDO** Aquí el punto focal es la estatua un tanto descentrada, elevada en su plataforma. Lo grande del modelo exigía un formato vertical.

## ¿Cómo Lograr una Buena Composición?

Si no soy atraído por algo especial en una pintura, mis ojos vagan y se pierden. Me hallo así haciendo comentarios sobre el marco de la pintura o caminando en la dirección de algo más interesante. En fin; una buena pintura guiará el ojo del observador a través de sugestivos perfiles, colores, curvas y diagonales. Por supuesto, este viaje visual acabará en un centro de real interés. Las personas dirigen naturalmente su atención hacia puntos focales como lo son los fuertes contrastes en color, valor y forma. Sin embargo, no deje en evidencia el punto focal gratuitamente, situándolo en el centro a buenas y primeras. Y tampoco cree "líneas" que dividan la pintura a la mitad. A veces, separarla en tres resulta menos rígido y simétrico, y más placentero a la vista. Observe los bocetos que mostramos a la derecha, y trate de comparar. Desde luego, *puede* que tenga mucho que hacer en una pintura. Si piensa que su composición está un poco recargada, probablemente así sea.

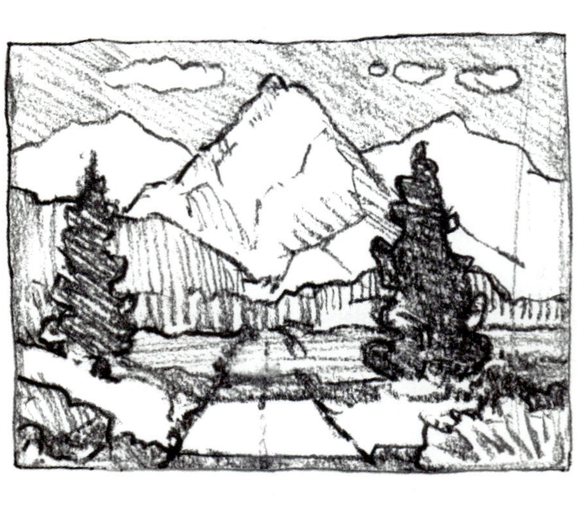

**◀ EMPLEANDO DEMASIADA SIMETRÍA** Este paisaje a lápiz es tan predecible como simétrico, con sus dos árboles como postes de fútbol americano y el camino corriendo sin la menor desviación. Todo conduce al centro. El ojo choca con la montaña directamente, lo que hace de esta escena algo más bien aburrido.

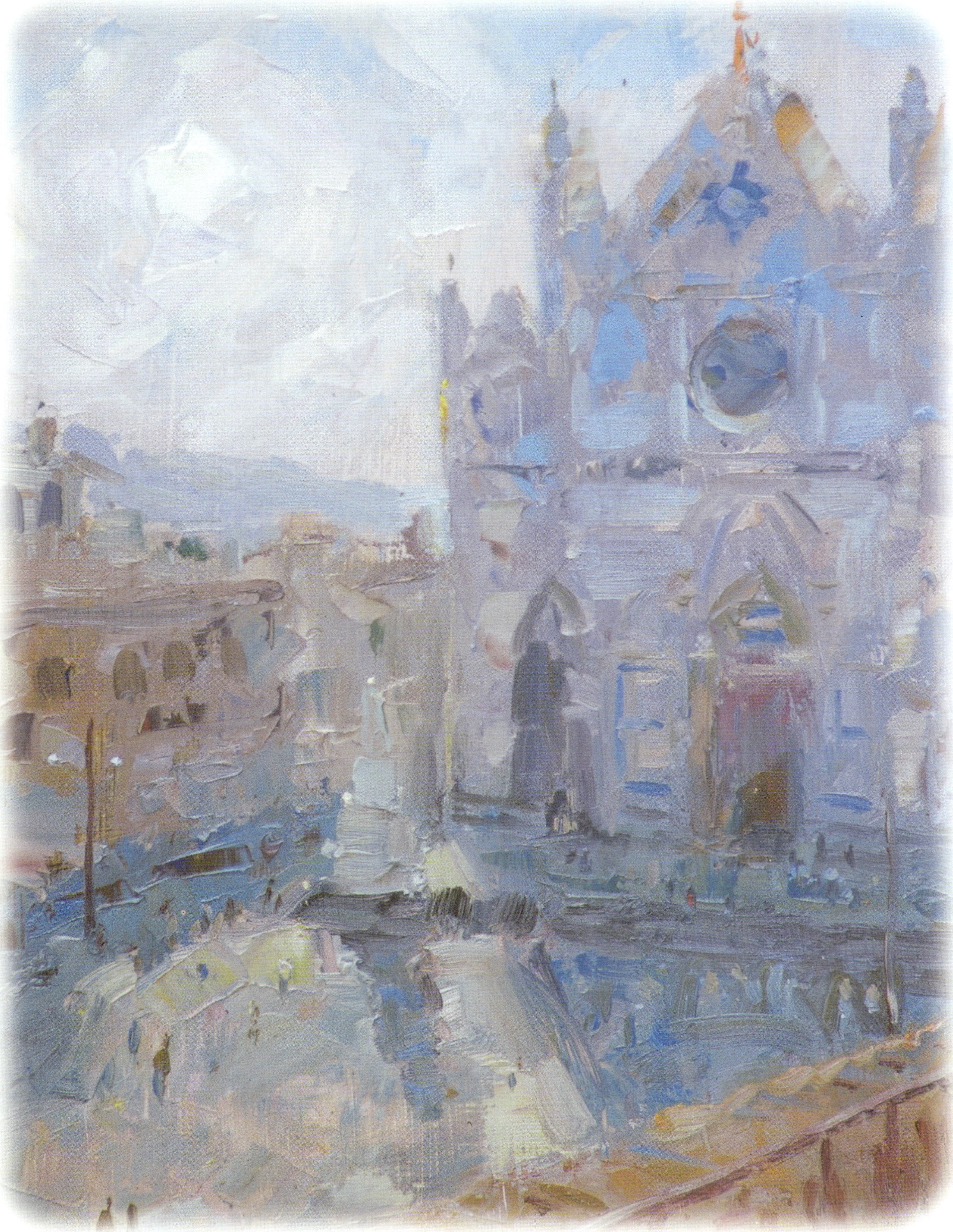

**◄ MOSTRAR EL CAMINO** Figuras y formatos verticales generalmente tienen mayor presencia que los calmos planos horizontales. Esta pintura de Santa Croce en Florencia, con la catedral en elevación, posee una preeminente tensión vertical. Filos agudos y dentados, como las espiras de la construcción, son formas de por sí estimulantes. Al componer los elementos de una pintura, las diagonales actúan como flechas o postes de aviso. Siguiendo la diagonal de la Piazza, finalmente desembocará en las puertas de la catedral. La indicación se ha consumado; por cierto, los patrones de sombras también han ayudado a encausar su vista. Quise que la emoción a comunicar fuera más esperanzadora que seria, así que escogí colores claros. Azules y rosas pálidos crean una colorido juego entre sombras frescas y luces cálidas. Pinté, pues, de acuerdo a cómo me sentía ese día—arrebatado, inspirado y lleno de respeto por la dulzura de la escena. ¿No siente lo mismo?

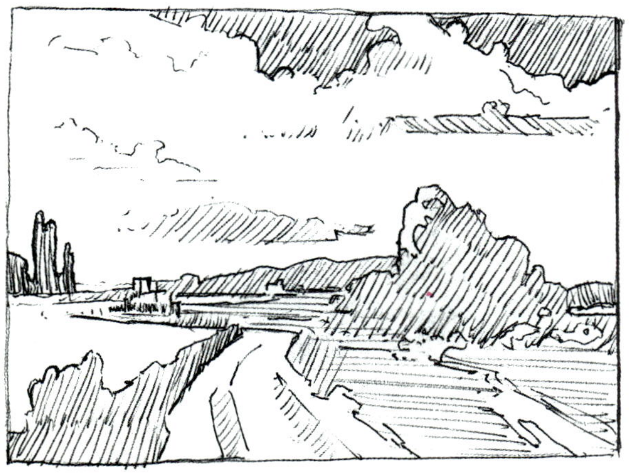

**◄ TOMANDO UN ACERCAMIENTO ASIMÉTRICO** El cielo llena dos tercios de esta composición—una medida más agradable que partir ésta por la mitad. El camino se curva fuera del centro, y los árboles son de diferentes tamaños y formas. Note cómo sus ojos se desplazan a través del dibujo.

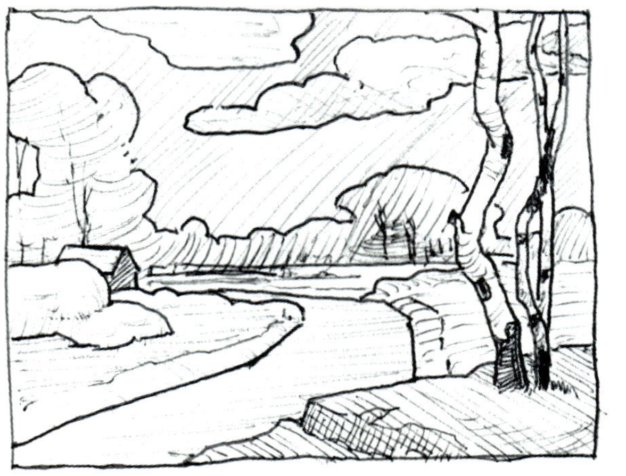

**◄ JALANDO AL OBSERVADOR HACIA DENTRO** Un árbol señalando el camino, un camino tortuoso y una casa en un plano intermedio. Tal es el mecanismo que lleva al observador hasta el fondo.

# Definir Distancias en el Paisaje

INFINITAMENTE VARIABLES, los paisajes son mi tema favorito. Pinto en exteriores cada vez que puedo, a todas horas del día, y bajo cualquier tipo de clima. Escenarios inspiradores hay en todos lados, de manera que no se reprima en trasladar al lienzo cuanto aparezca ante usted, sea esto su propio jardín, un parque cercano, o un exótico lugar hasta ahora ajeno. Para hacerlo, sencillamente, usted no tiene más que conocer una cuantas claves visuales, ocupadas para crear la ilusión de profundidad y distancia en la pintura de paisajes. No es difícil llevar su escena favorita desde una realidad en tres dimensiones a un lienzo que sólo cuenta con dos. No, si emplea objetos superpuestos, cambios de color y tamaño, y los rudimentos de la perspectiva.

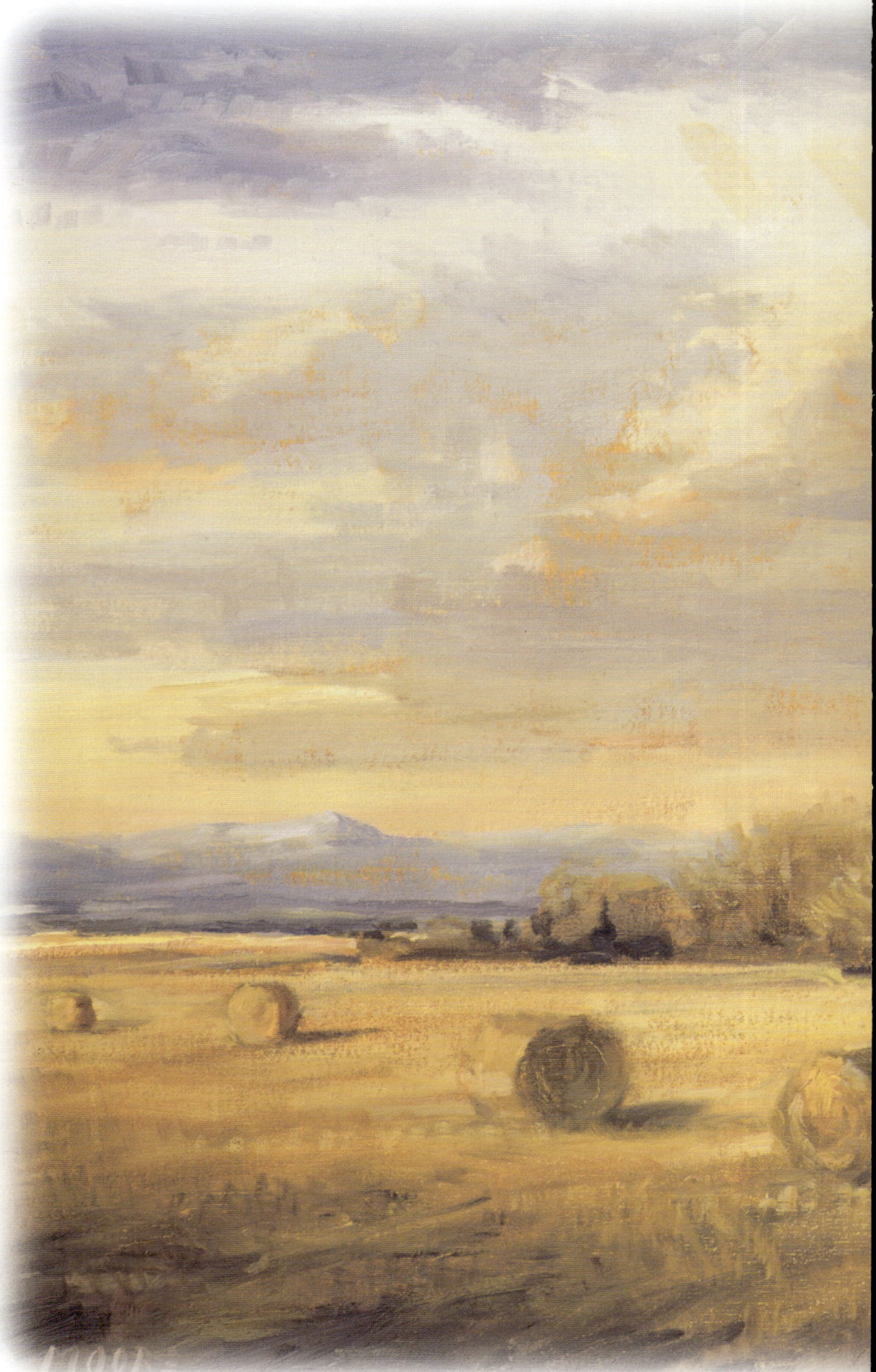

### Advertir las Influencias de la Perspectiva Atmosférica

Objetos distantes son menos claros y más débiles en tono y color que los cuerpos cercanos. Esto es a causa del polvo y las fracciones de vapor que permanecen en el aire. Todos hemos notado cómo árboles y montañas a lo lejos lucen difusos y azules—¡aunque sabemos que no son así! Este efecto recibe el nombre de *perspectiva atmosférica*. Así pues, represento a los objetos cercanos con mayor fidelidad en color y complejidad. Distinto es con los lejanos: a éstos les doy menor detalle, un color más pálido, y formas simplificadas. Suelo usar colores tibios para el primer plano, y fríos para representar los cuerpos que tienden a huir y alejarse.

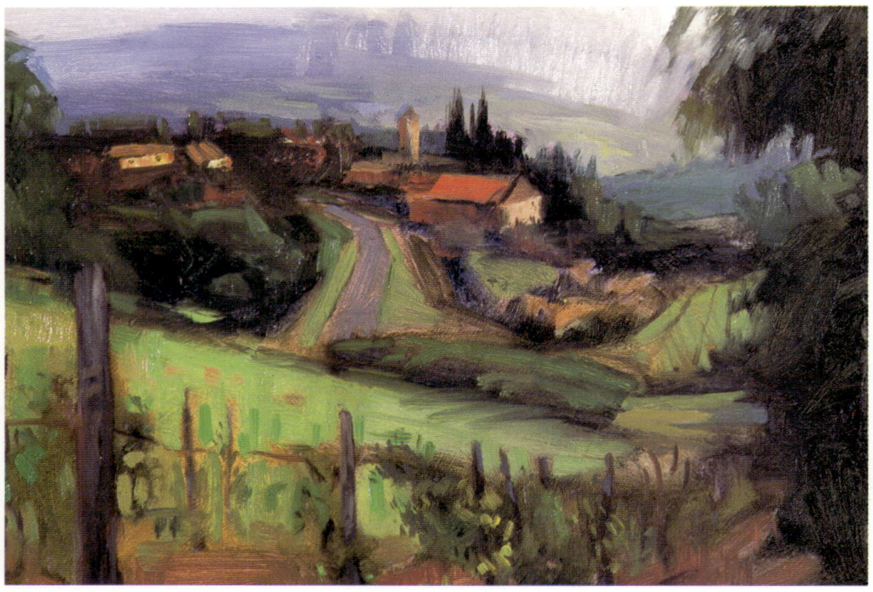

**▲ INDICANDO DISTANCIA** **Note cómo se plantea la combinación de montes encimados y estacadas huidizas, y cómo la convergencia de este camino hace de la pintoresca villa toscana un motivo lo suficientemente lejano.**

### Usando Técnicas de Perspectiva

En caso de no incluir casas o edificios para demostrar la perspectiva lineal de un paisaje (ver página 25), quizá sí ocupe, en su lugar, caminos, cursos de agua o estacas de alambrado. Todos estos elementos convergen a lo lejos de acuerdo a los principios de la perspectiva. Las cosas aparecen en menor escala a medida que se repliegan. Por oposición a los que estén lejos, entonces, puedo sugerir distancia pintando más grandes a los objetos cercanos. También empleo la superposición de objetos para enfatizar la profundidad, pues un cuerpo bloqueando a otro siempre se hace más próximo respecto al observador.

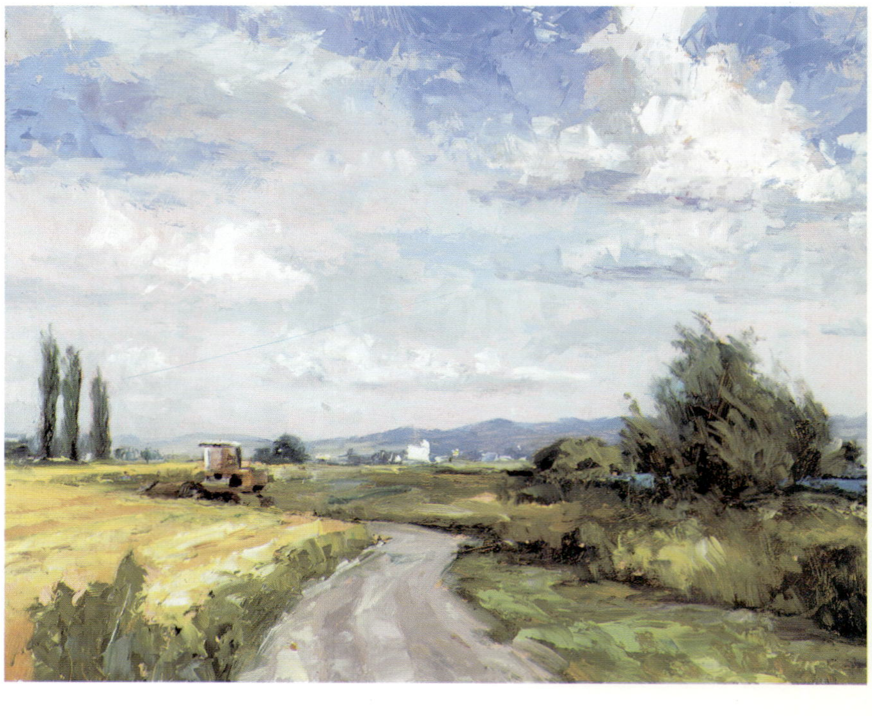

**► AGREGANDO VIDA** **En un paisaje, la vista será automáticamente atraída hacia personas, animales, edificios o cualquier otro indicio de vida. Introduje el tractor y el blanco montacargas de trigo como señales para guiar al observador a lo profundo.**

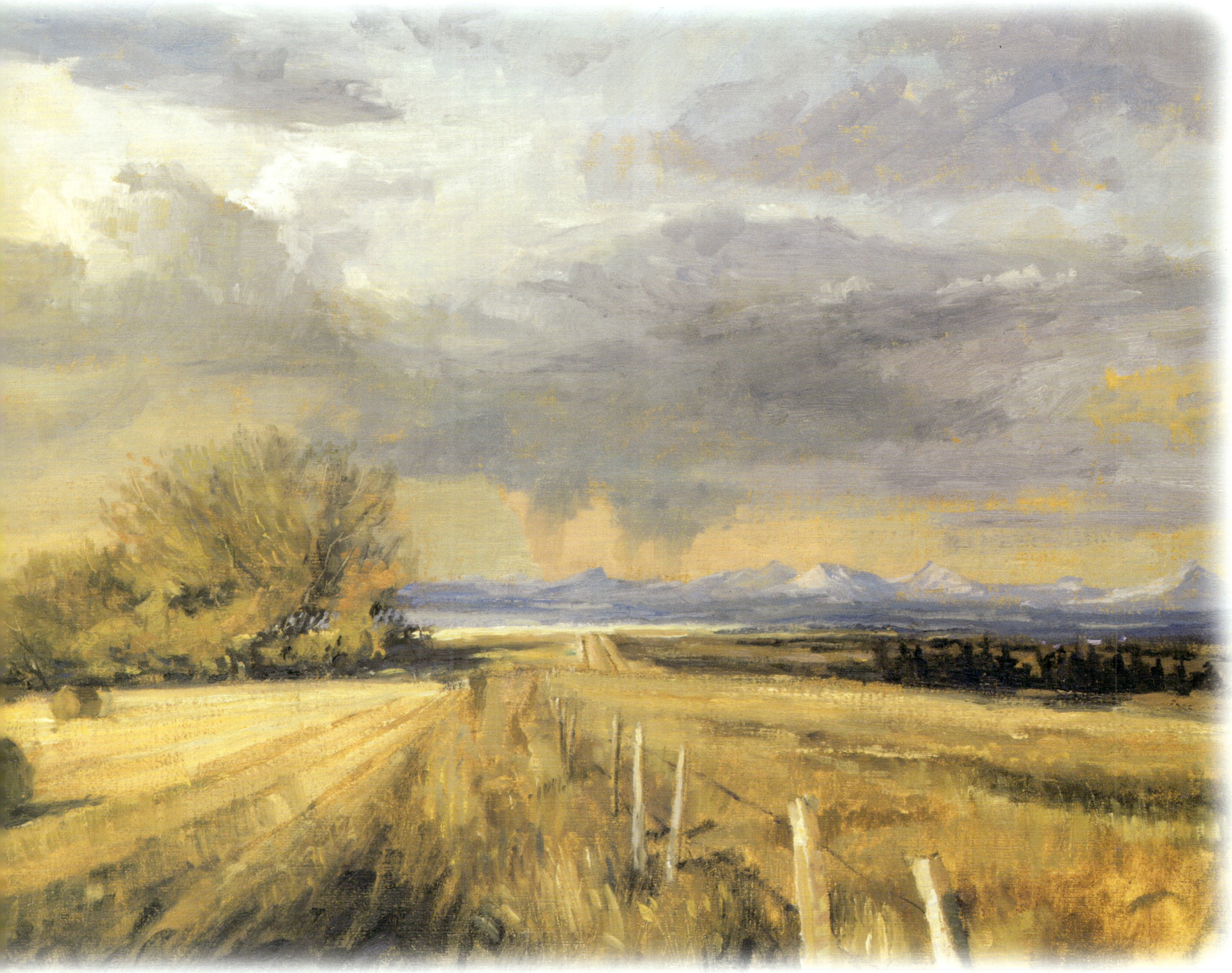

## La perspectiva Hecha Fácil

Coloque una caja sobre una mesa, de modo que al mirarla sólo distinga los lados superior y frontal. Manteniendo su vista fija, sostenga un lápiz a la distancia de un brazo con el extremo de goma hacia usted y la punta de grafito en sentido contrario. Cierre un ojo y, manteniendo su codo apretado, mueva el lápiz hasta que todo lo que vea de él sea el extremo redondeado de la goma. Este punto en particular recibe el nombre de *punto de fuga* (PF). Si tuviera que trazar una línea horizontal a través de él, ésta línea coincidiría con el nivel de sus ojos: es *la línea del horizonte*. Tratándose de la *perspectiva paralela*, las líneas que se forman a partir del lado superior de la caja coinciden un solo punto de fuga.

Ahora voltee la caja, de manera que al mirar distinga la superficie de arriba y no una sino dos superficies laterales. Tratándose de la *perspectiva angular*, hay dos puntos de fuga sobre su línea del horizonte. El conjunto de líneas que parten de lo alto y bajo de la caja convergen en uno de los dos puntos de fuga, ubicados a izquierda y derecha respectivamente. Note que todas las líneas verticales son paralelas.

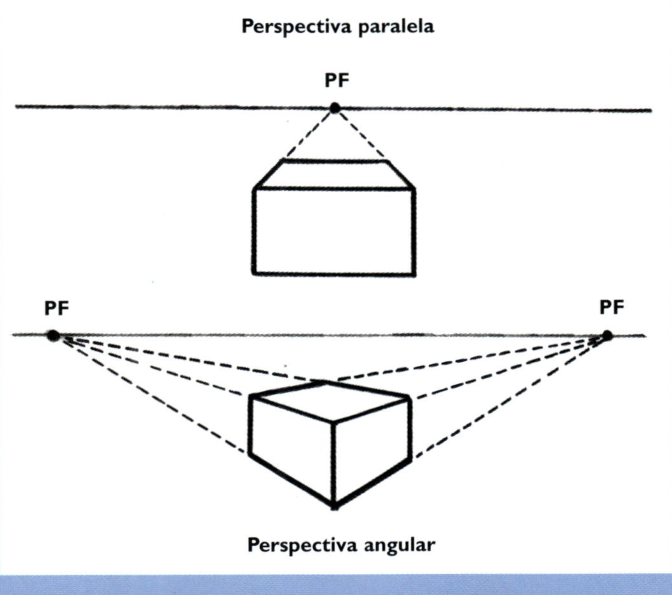


**▲ COMUNICAR UN SENTIDO DE PROFUNDIDAD** **En este paisaje, bajo un cielo amplio y conmovedor, he usado muchas pistas visuales con tal de brindar una impresión de hondura y vastedad: El camino converge (perspectiva lineal); los rollos de heno se vuelven pequeños a medida que se repliegan (escala); los árboles en el plano intermedio se bloquean sucesivamente (superposición); y, finalmente, las montañas del fondo lucen pálidas y difusas (perspectiva atmosférica).**

# Capturar el Agua en sus Pinceladas

DIVERSA EN ÁNIMO Y CUERPO, el agua es al mismo tiempo expresiva e intrigante—afortunadamente, la pintura al óleo parece ser el mejor medio para capturar sus múltiples personalidades. Alterando el tamaño y dirección de mis pinceladas, y aplicando diferentes densidades de pintura, puedo comunicar muchas de las fascinantes cualidades de este líquido universal. Por ejemplo, al aplicar óleo grueso con deliberadas pinceladas en remolino, puedo crear la turbulencia de un río en movimiento; asimismo, golpes picados y cortos de un pincel de cerda, producirán el efecto de un mar tormentoso. De hecho, un pincel chato de marta, manipulado suavemente, puede reflejar la serenidad de un lago en los Alpes.

## Simplificar los Elementos

El agua refleja los colores e imágenes tanto del paisaje cercano como de la atmósfera. Obviamente, también hay olas, sombras y los colores propios del líquido. A la hora de pintar, mi consejo es corregir, depurar, y tratar de hacer las cosas más simples: no intente rescatar fielmente cada rizo de agua. Otro buen dato es pintar con un pincel más grande de lo que habitualmente usa, pues le obligará a dar pinceladas más sueltas y espontáneas—esto es, a interpretar más que retratar.

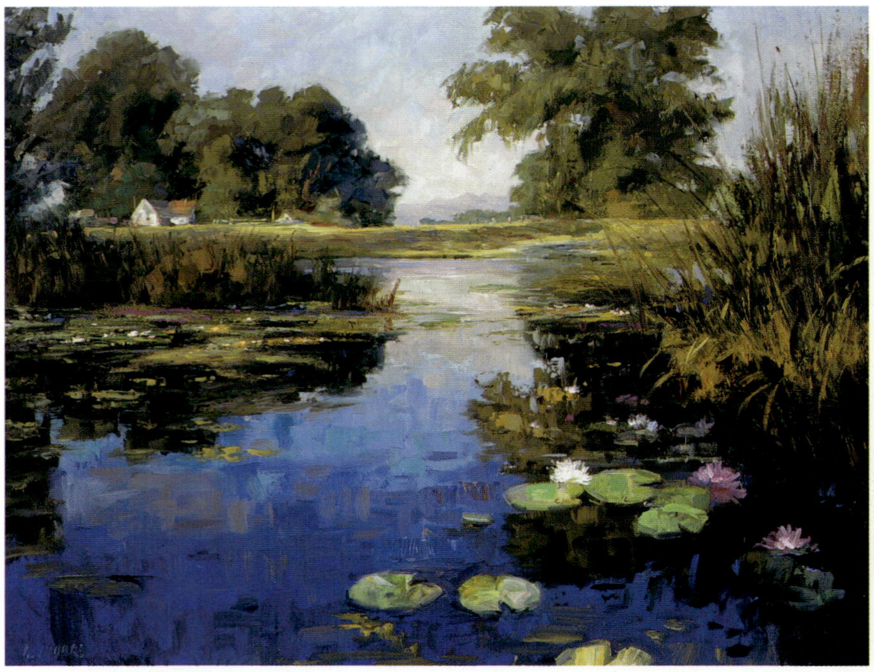

**PINTAR REFLEJOS** El agua en movimiento tiene reverberaciones, que no son precisamente las de un espejo. Al pintar los reflejos y sombras de los lirios de agua, no traté de hacerlos coincidir con el color y la forma de los verdaderos. En vez de eso, pinté los reflejos con bordes desvanecidos y pigmentos más oscuros.

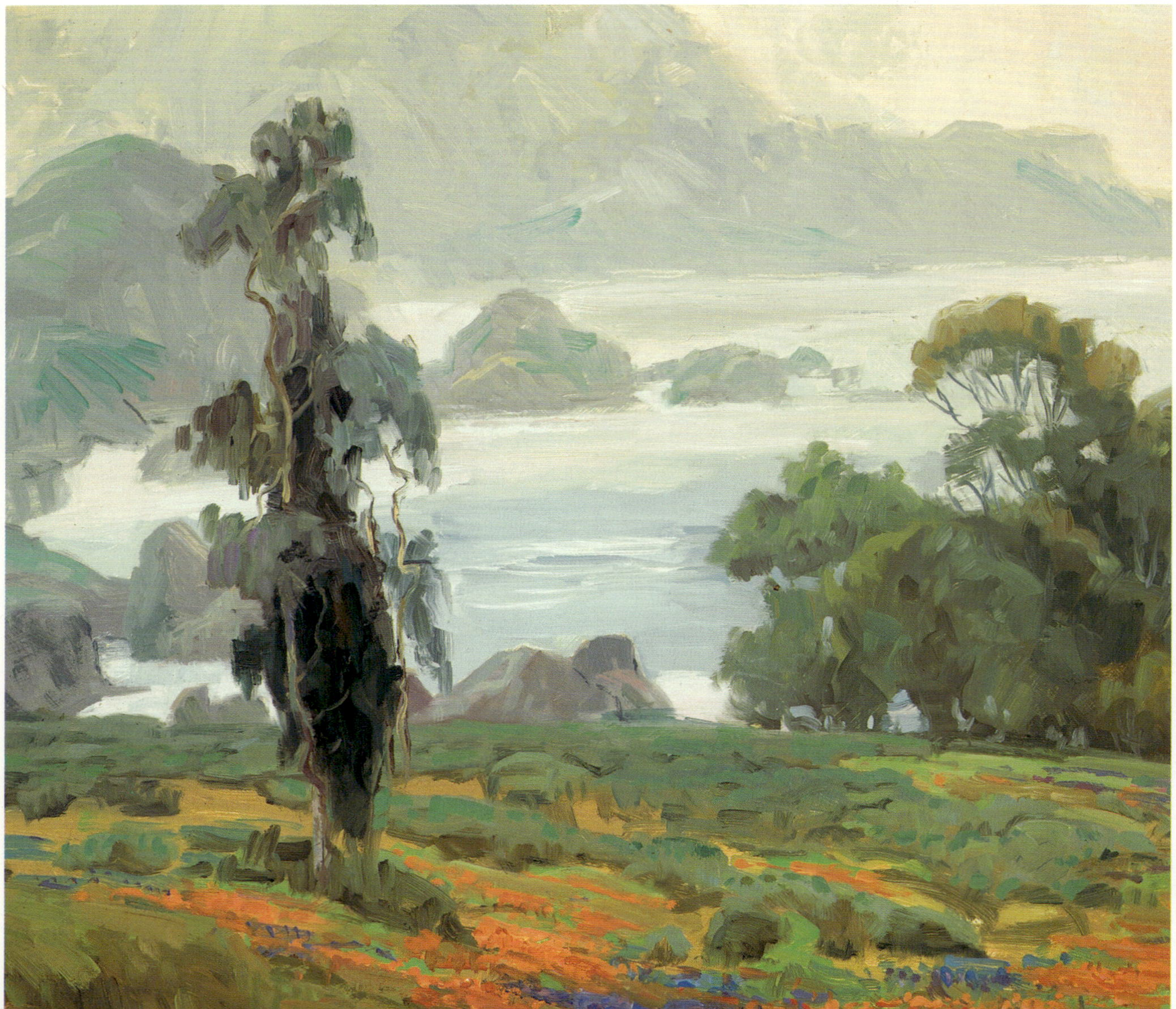

**CREANDO PROFUNDIDAD** Fui afortunado el día que pinté esta vista del océano. La niebla envuelve los detalles y deja a los árboles y rocas de la costa sólo en silueta—la naturaleza simplificó las formas en mi lugar. Evité mezclar demasiado el azul y blanco sobre el agua de la costa, de modo que las crestas de la pintura pudieran parecer olas reales.

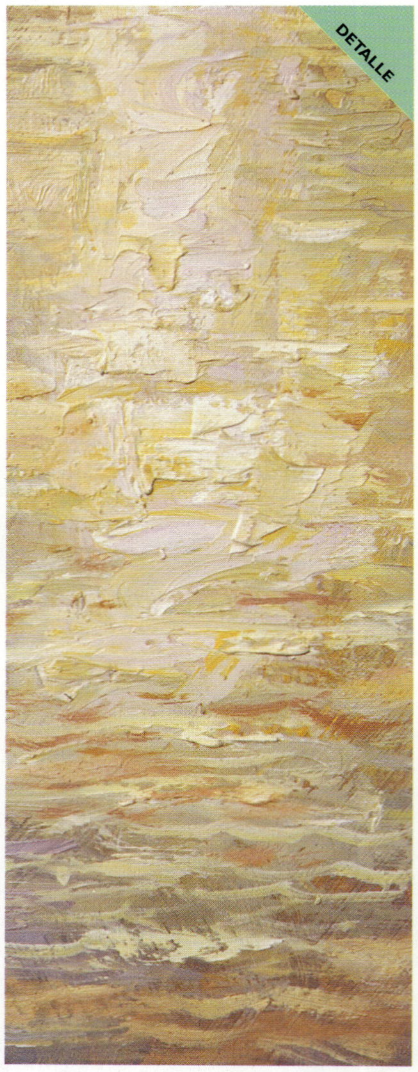


**EL SOL SOBRE EL AGUA** Usando pincel y espátula en esta muestra, retraté los rizos del agua a través de puntadas enérgicas de blanco, amarillos claro y mediano de cadmio, y azul ultramarino "agrisado" con una mezcla de rojo medio de cadmio y amarillo medio de cadmio.

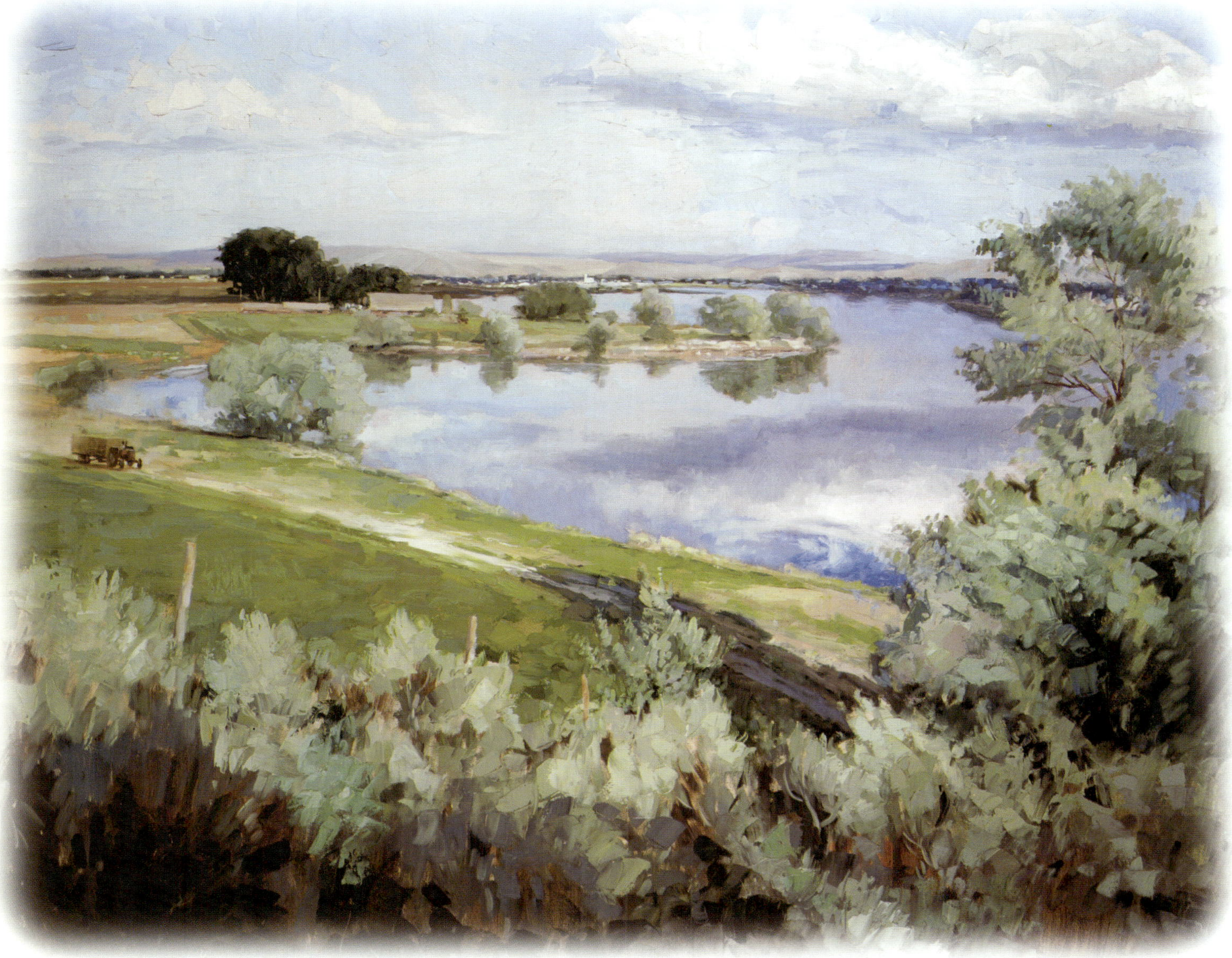

**◄ PLASMAR UNA SUPERFICIE DE AGUA INMÓVIL** Quise que el reflejo de las nubes sobre el lago fuera el punto de atracción de esta pintura, así que adapté el reflejo a la curva de la playa y al boscaje puesto en primer plano. El observador apreciará mejor los bordes inferiores de las nubes, relativamente más oscuros; sólo un destello de luz roza el reflejo agua. Ésta parece quieta y cristalina, en parte porque el reflejo del cielo y los árboles no ha sufrido distorsión alguna.

## Descubriendo los Colores de Agua

La mayoría de nosotros piensa en el agua como algo azul, cuando en verdad puede ser turquesa, marrón, verde, gris o dorada. El color no resulta solamente de los reflejos, sino también de los objetos y partículas que hay dentro del líquido en cuestión. El arroyo de montaña que enseñamos aquí abajo, es café rojizo a causa de las hojas otoñales. El arroyo también refleja el dorado de los árboles circundantes y el marrón del cauce rocoso. Las muestras que daré a continuación revelan tales combinaciones.

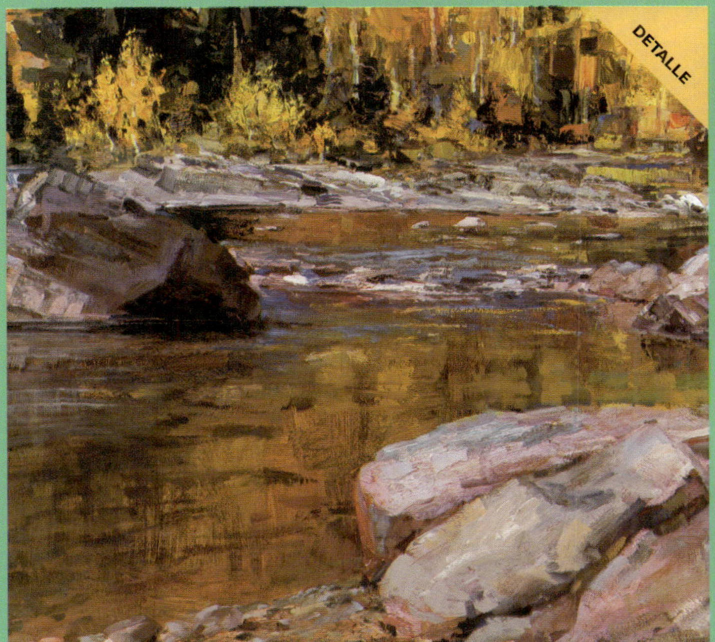


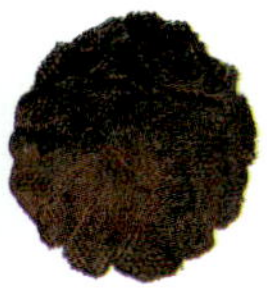

**Sombras:**
**Siena tostado, verde viridiana, azul cobalto y violeta**

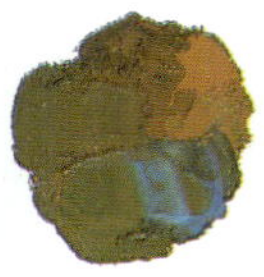

**Reflejos verdes:**
**Amarillo ocre, siena tostado, verde viridiana y azul cobalto**

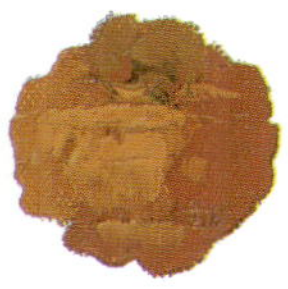

**Reflejos de los árboles:**
**Amarillo ocre, siena tostado, naranja de cadmio y blanco**

### Pintando sobre Pintura Húmeda

La pintura al óleo seca lentamente, una ventaja de la cual me sirvo a la hora de pintar marinas o escenas relacionadas con el agua. "Superpongo" un nuevo color rozando delicadamente los anteriores, húmedos todavía. Esto funciona de maravilla cuando se trata de recrear la acción de olas a lo lejos, donde los colores están algo ahogados y el agua es más suave. Combino menos pintura en el primer plano, pues allí prefiero pinceladas definidas y vibrantes. Seguramente, tratando a la pintura de la primera forma, arriesgo con pegotear y dañar la capa de color subyacente. Evite esto, a menos que desea el efecto de colores barrosos.

**Sugerencia para el Artista**

Una gruesa aplicación de pintura blanco es perfecta para retratar olas rompiendo. Capta la luz del incidente y brilla de manera genuina.

# Comprendiendo la Luz

ES EL EFECTO DE LA LUZ lo que da vida a una pintura al óleo. A menudo descubro que no es *lo que pinté* cuanto me atrae, sino *cómo cae la luz* sobre el objeto pintado. Desde luego, no necesito hacer mis valijas y mudarme al sur de Francia para sentir la fascinación de la luz. No hay cosa, por común que sea, que pueda sustraerse a tal poder. Una pila de heno bajo la sesgada luz de la tarde puede ser una manifestación de belleza—se trata de ver el mundo sin "prejuicios".

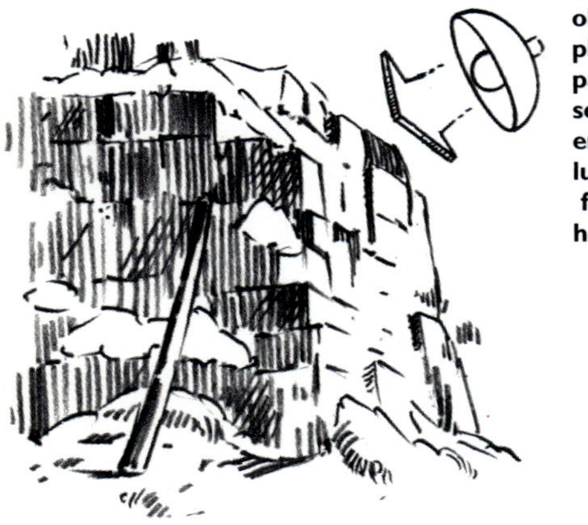


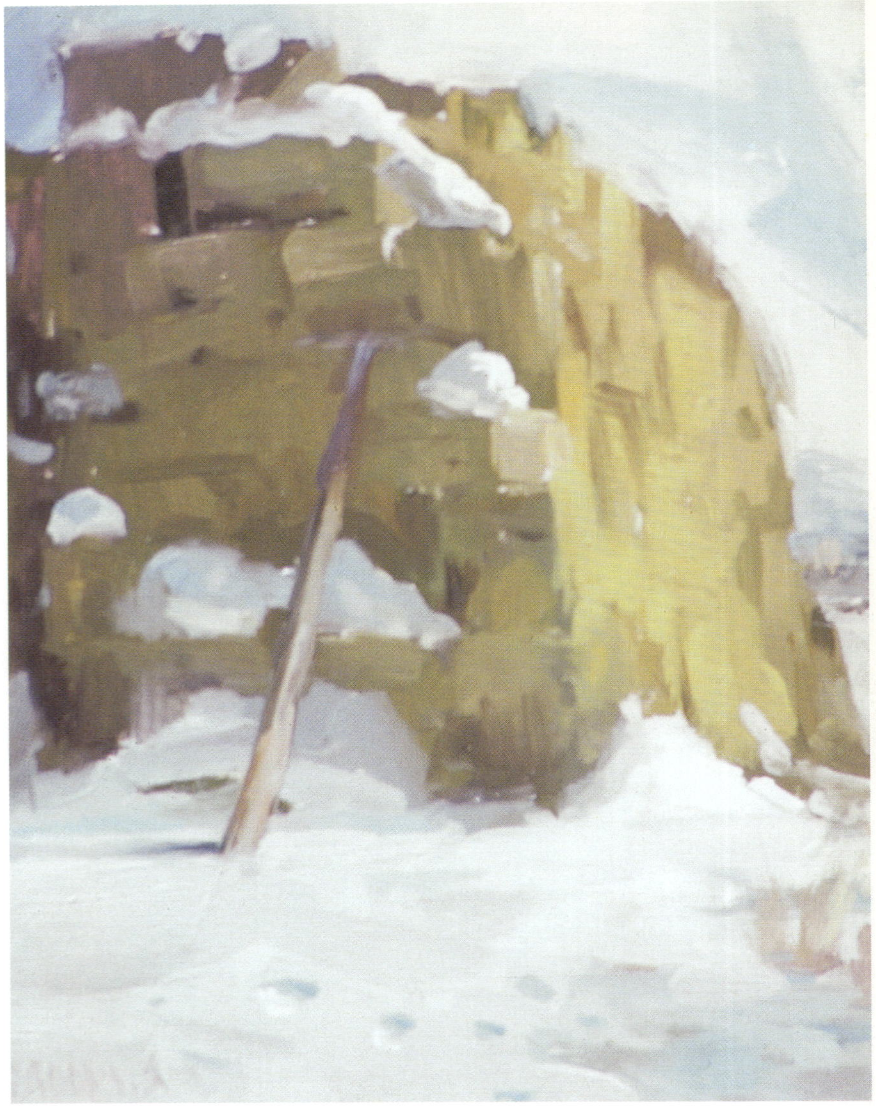

**▶ ILUMINACIÓN DE TRES CUARTOS** **Esta muralla de heno enfardado tiene la misma solidez de un edificio. Fuerte y oblicua, la luz enciende sólo uno de los planos, dejando el frente de la mole parcialmente en penumbras. De ahí el sentido de dimensión. Como puede ver en boceto de la izquierda, la fuente de luz está a la derecha; allí, justamente, fue donde emplacé las partes claras del heno y los amontonamientos de nieve.**

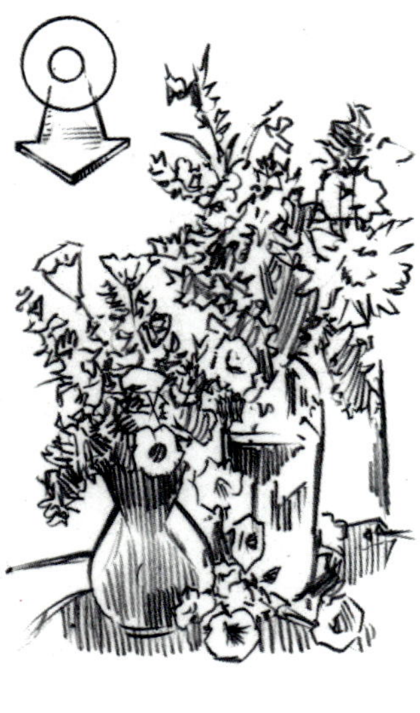


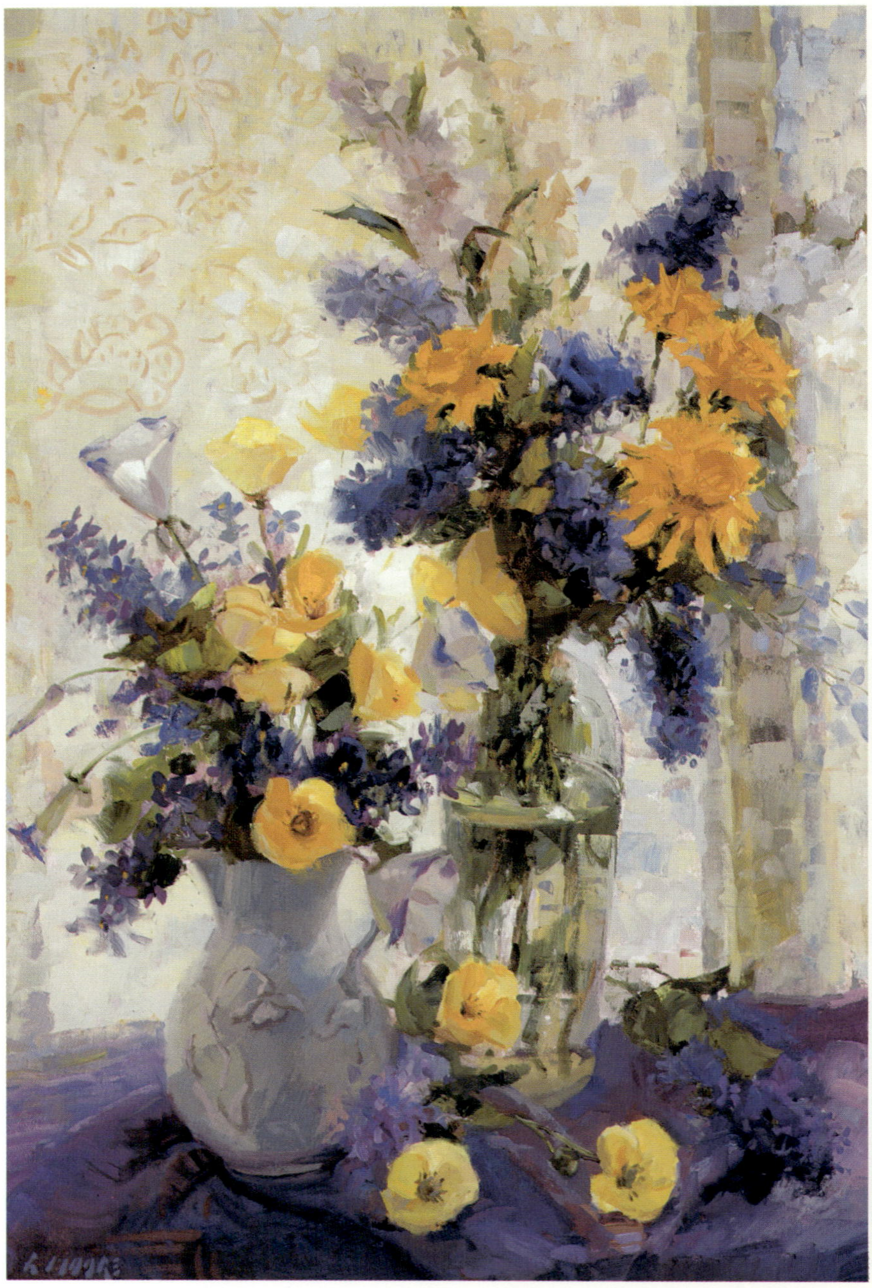

**▶ ILUMINACIÓN DE FONDO** **Es difícil adivinar dónde está la fuente de luz, cuando los visos brillantes que ésta provoca no están a la vista. El boceto de la izquierda ejemplifica perfectamente tal situación. La luz surge de una ventana detrás de las flores. ¿Puede usted ver el tenue "halo" alrededor de éstas? Si me preguntan, me encanta la apariencia que suscita una iluminación de fondo, cerniendo sombras sobre la zona delantera. Le da a este arreglo estatura y dramatismo.**

## Comparando la Dirección de la Luz

La dirección e intensidad de la luz influyen sobre cómo percibimos la forma y el carácter de una escena. Cuando la luz golpea frontal y secamente, las sombras son mínimas y los colores adquieren una fuerza especial. La luz que emerge desde atrás, en cambio, tiende a alisar los volúmenes y convertirlos en siluetas, de la misma manera que ilumina sus bordes, produciendo así un halo alrededor. La iluminación de tres cuartos, y con ella la lateral, crea fuertes sombras y brillantes visos de luz: aquí los contrastes son intensos, la perspectiva enfatizada, y el aspecto tridimensional concluyente. Por supuesto, me gusta el control que consigo cuando trabajo con iluminaciones del tipo doméstico. No obstante, nada se compara con la puesta y la salida del sol, y con otros efectos de luz exterior.

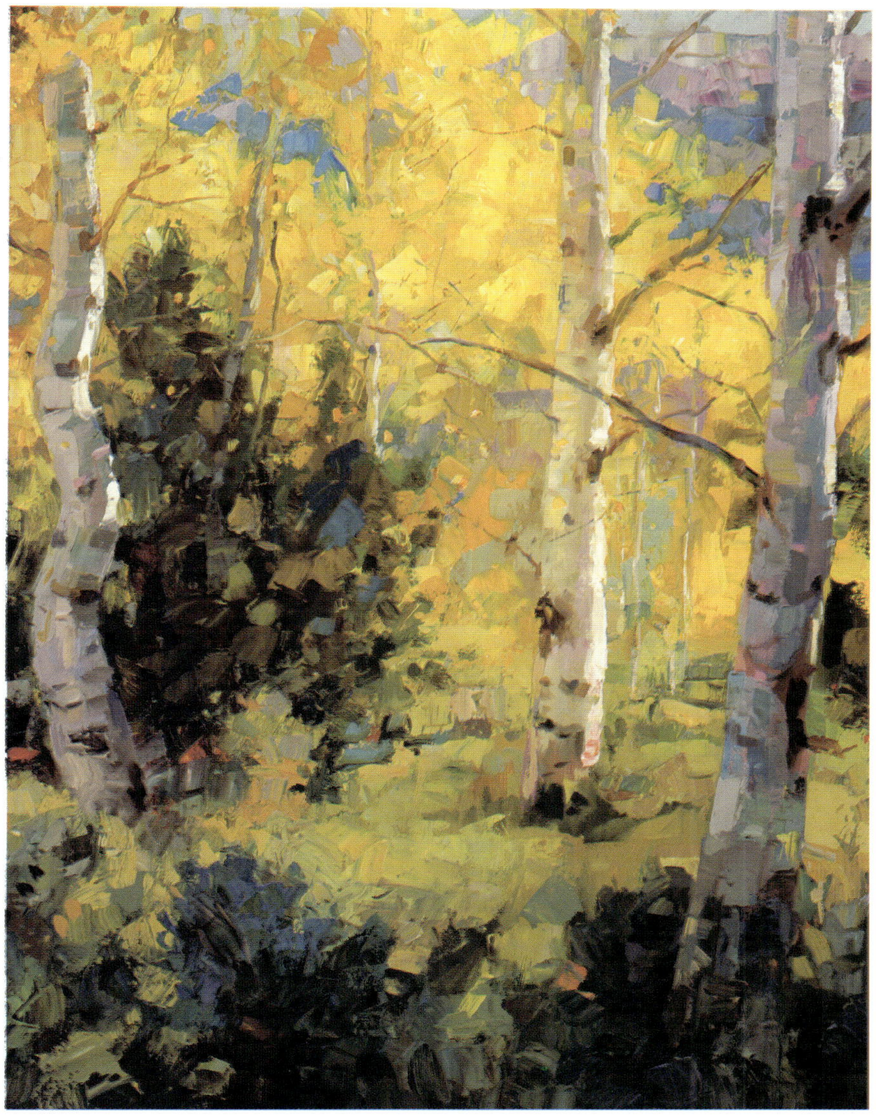

◄ **ILUMINACIÓN LATERAL** La fuerte iluminación lateral, ilustrada en el dibujo de la derecha, penetra en la oscuridad y aun me permite mostrar el gran cromatismo de la luz desplegada, mientras ésta golpea contra las formas de los árboles. El abedul del extremo derecho refleja el fresco azul del cielo; el tronco torcido, ahora al extremo izquierdo, capta los reflejos de las hojas asoleadas. Esto sutiles toques realmente dan vida al motivo tratado.

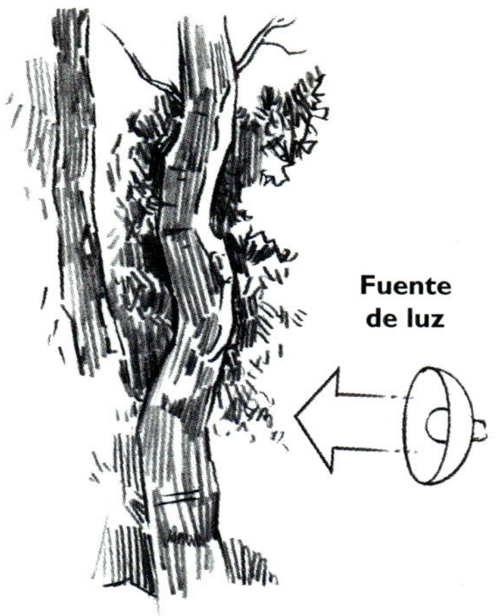

Fuente de luz

**Sugerencia para el Artista**

El tamaño de una pintura está frecuentemente determinado por el tiempo del cual dispone. Si está trabajando puertas afuera, la cambiante luz natural no hace recomendable acarrear lienzos demasiado grandes.

## Plasmando Luces y Reflejos

La luz puede ser intensa y concentrada, o difusa y suave. Puede también rebotar, y al hacerlo, crear maravillosos reflejos luminosos. Éstos pueden originarse en el cielo, o en un objeto más cercano, siempre que sea lo suficientemente brillante. Así, entre más claro y brillante sea un cuerpo, más luz arrojará. Sin duda, la luz reflejada es un factor relevante: grabada en una pintura al óleo, no hace sino aumentar dramáticamente la atmósfera y el volumen del motivo.

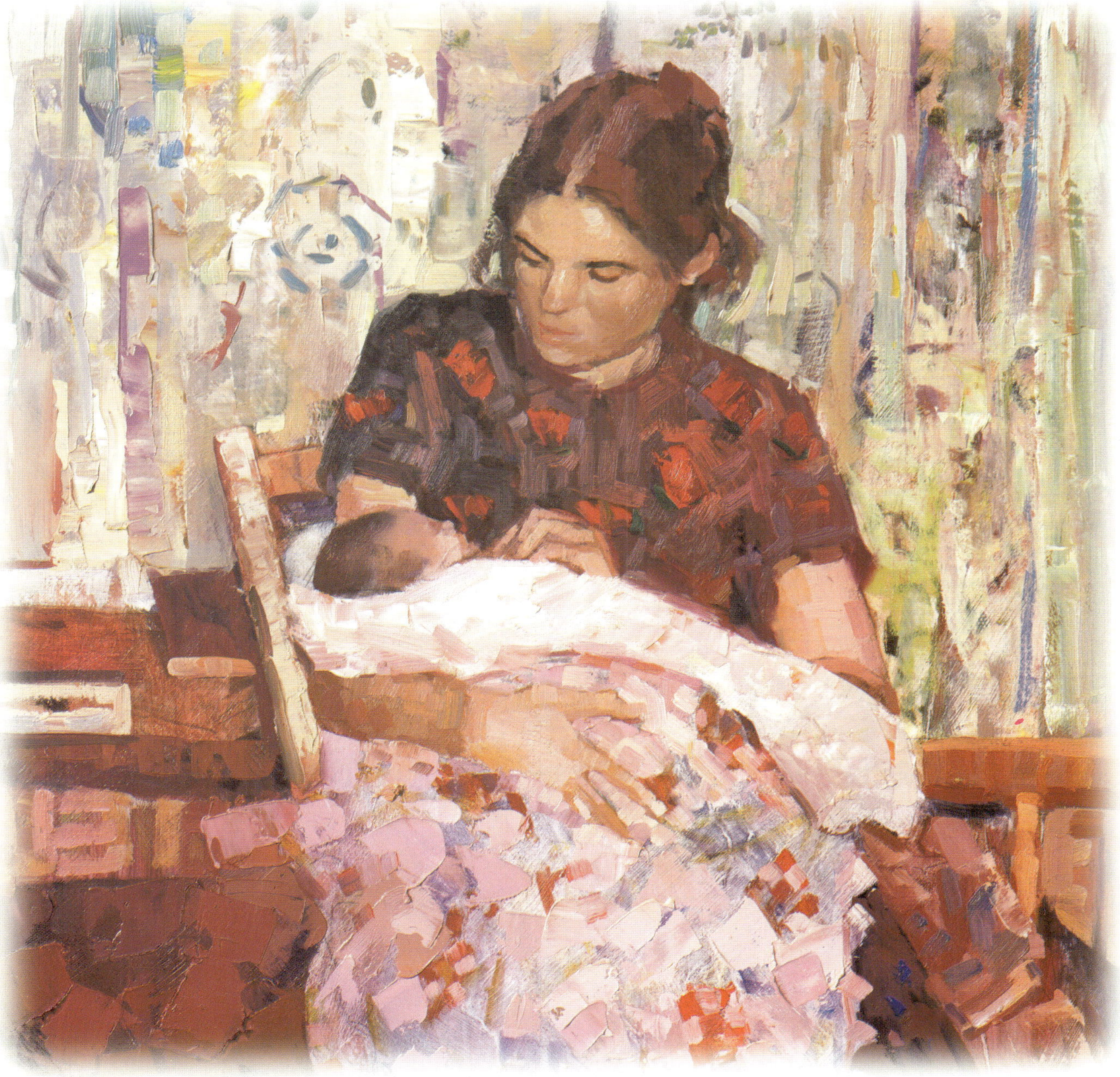

◄ **ILUMINACIÓN FRONTAL** Una fuente de luz directa y frontal (ver el diagrama inferior) envuelve el cobertor del bebé y luego produce, sobre el rostro de la madre, encantadores ápices de luz, precipitando hacia delante estos elementos. Por añadidura, la iluminación frontal elimina virtualmente todas las proyecciones de sombra, lo cual acentúa el color de las diferentes telas y mantiene el cuadro de intimidad de esta madre y su hijo.

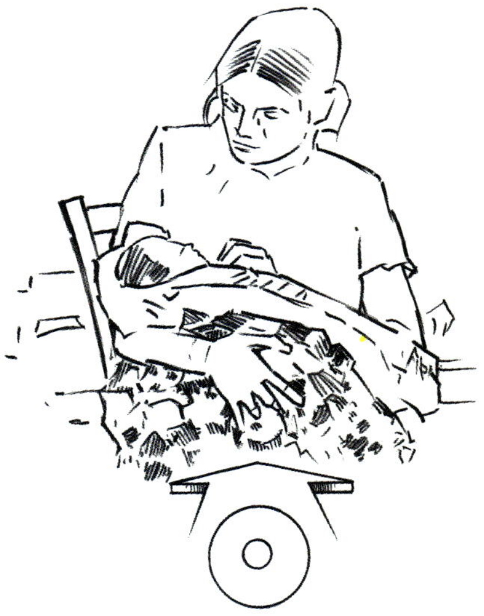

Fuente de luz

# Concentrándose en Rostros Humanos

HE GUARDADO LO MEJOR PARA EL FINAL. El rostro humano es un punto atracción natural para la pintura al óleo. No hay dos rostros iguales; y en cuanto a los niños, ¿qué decir? Sus rostros nos sorprenden—¡crecen tan rápido! Así, sea que haya tomado por modelo a un conocido o a un extraño, retratar un ser humano no es diferente a pintar un paisaje o una naturaleza muerta. Observe detenidamente a su modelo, tome las proporciones correctas, y atienda a formas, planos y sombras. ¡No es difícil!

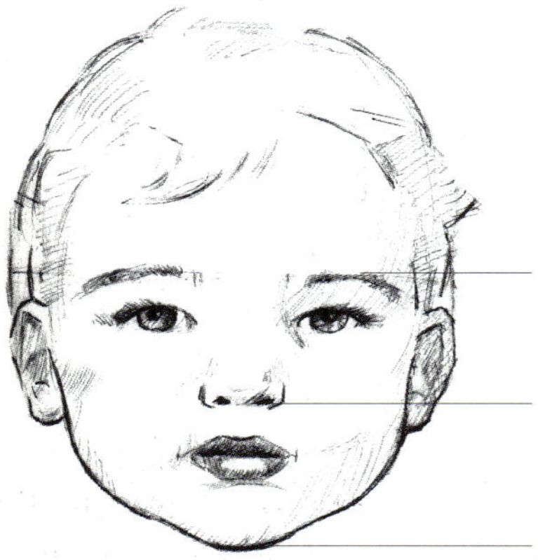


**▲ PROPORCIONES DE UN NIÑO** Comparado al rostro ovalado de un adulto, el rostro redondo de un niño tendrá una frente más grande (las cejas ocupan la línea media), ojos más separados y una nariz más pequeña.

**▼ PROPORCIONES DE UN ADULTO** Midiendo desde lo alto de la cabeza al mentón, hallará la línea de los ojos a medio camino. Asimismo, la punta de la nariz deberá quedar equidistante respecto a ojos y mentón.

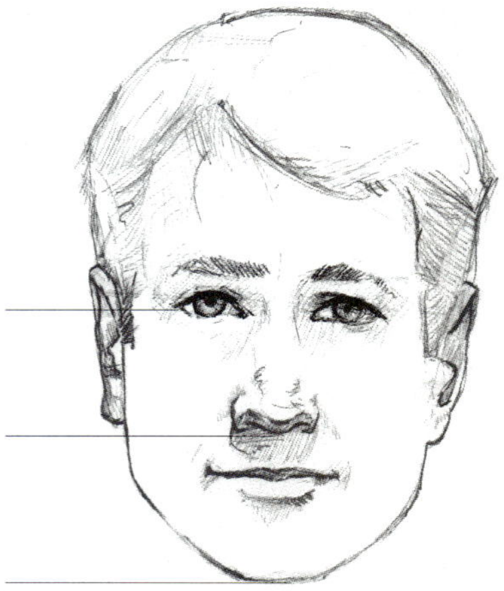


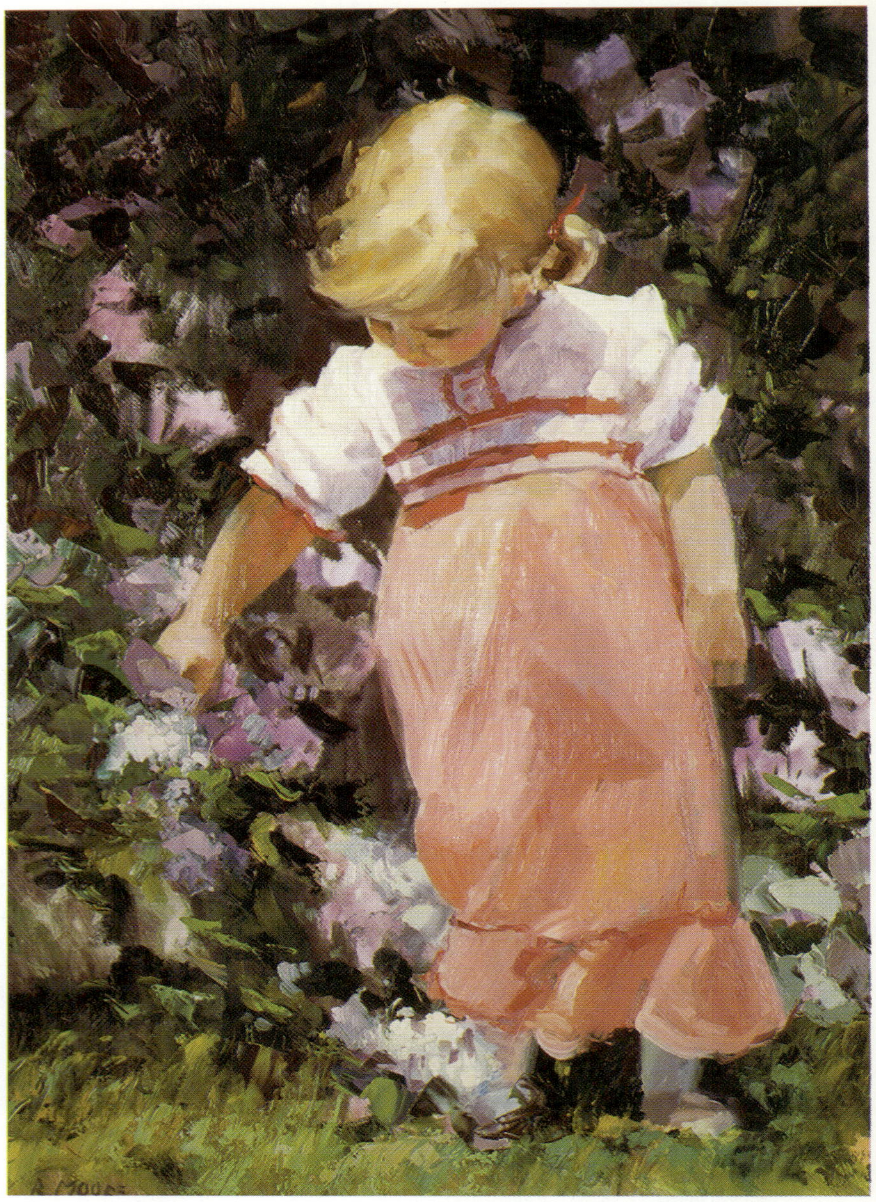

**UNA BUENA POSE** Hice un retrato informal con esta tímida niña, alcanzando una flor en uno de sus primeros paseos. Decidí inclinar el plano de su rostro y, alternativamente, enfatizar su pose—representativa de la curiosidad de su edad.

## Emplazamiento de los Modelos

En los retratos, uno procura captar las cualidades físicas, el estado de ánimo y la personalidad del modelo. Conseguir esto exige paciencia y método. ¿Quiere que su modelo le mire de frente? ¿Cuánto incluir en el retrato de sus hombros y cabeza? ¿O desea incluir sus manos con tal de equilibrar el rostro? Considere el fondo. Si está pensando en retratar a su abuela, y si el cuarto favorito de ella es la cocina, bien, no lo piense más y ubíquela allí.

### Sugerencia para el Artista

Retroceda unos pasos respecto a su pinturas, y evalúe la distancia que vaya tomando. Será capaz de ver problemas de proporción y emplazamiento que estando cerca no hubieran sido advertidos.

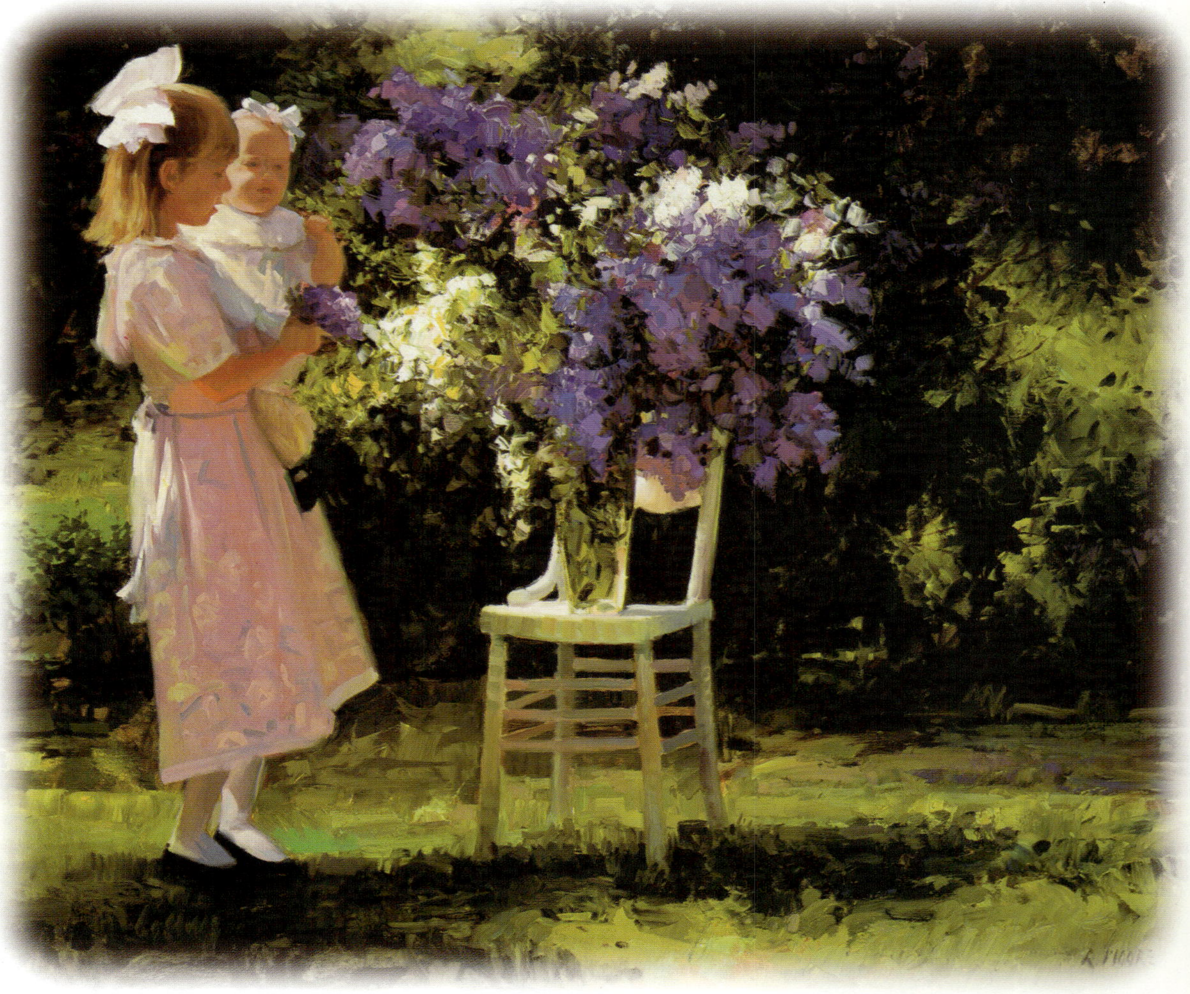

**CONTANDO UNA HISTORIA** Me gusta hacer retratos que sean al mismo tiempo una "tajada de la vida"—congelar el instante, y aun el movimiento que hay entre un paso y otro. Decidí emplear delicados colores para la niña y las ropas de la bebé, a fin de representar la inocencia y vivacidad de ambas, y así corroborar el aura general de la pintura.

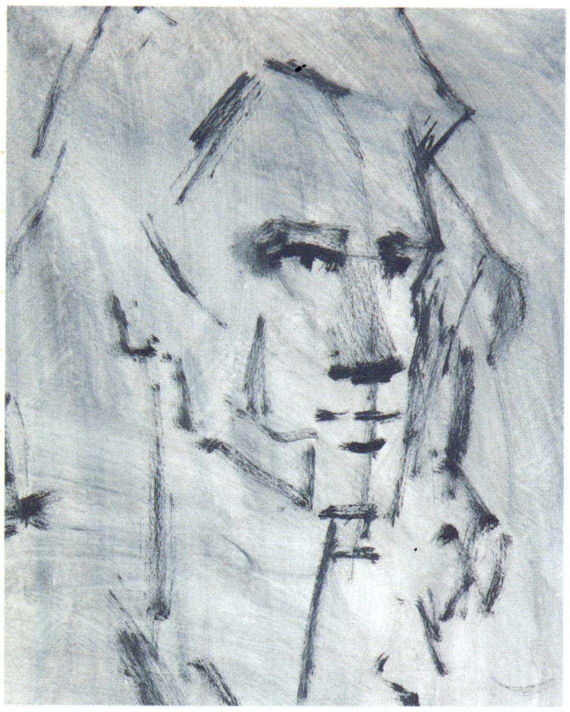

**RETRATAR EN UN SOLO COLOR** Ésta es la mejor manera de empezar a pintar rostros humanos. Sin necesidad de hacer coincidir los tonos de piel, uno puede concentrarse directamente en las proporciones del rostro.

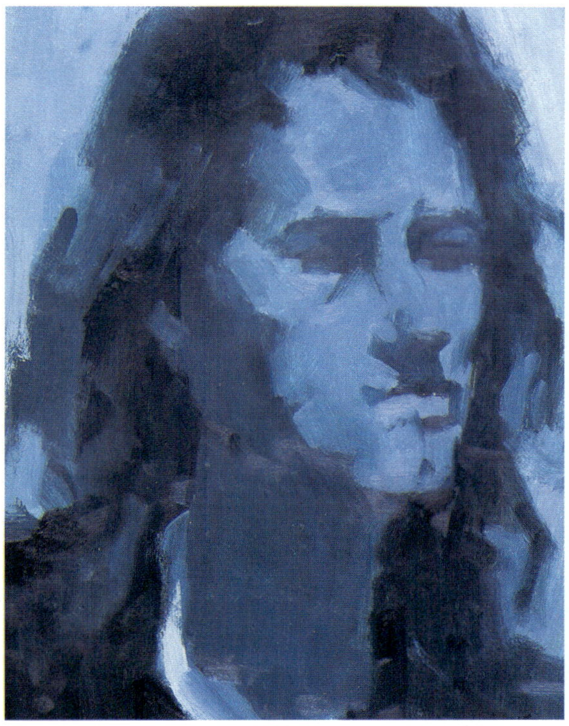

**LA FORMA TRAS LA SOMBRAS** Después de abultar las líneas de base, rellené los planos de sombra de todos los rasgos faciales.

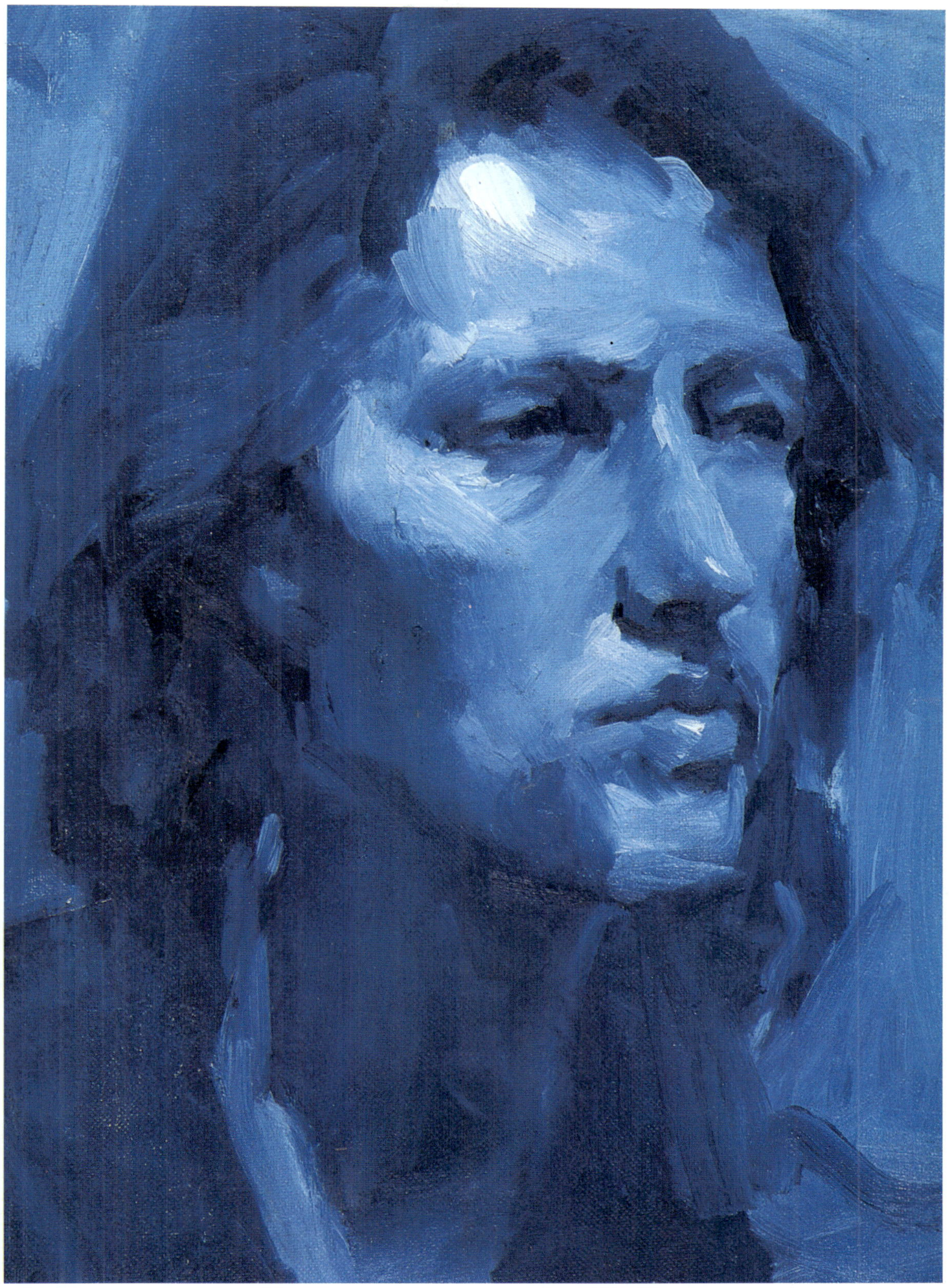

**TOQUES FINALES** Para terminar, aplico blanco sobre los visos luminosos de frente, quijada, nariz y labio inferior. Limitar la paleta no significa limitar la pintura. Considero que los retratos monocromáticos poseen carácter y profundidad suficientes, y que son excelentes piezas de estudio para artistas de cualesquiera habilidad.

## Modelo en Observación

Ciertas proporciones son muy útiles a la hora de realizar un retrato. Generalmente, el medio de los ojos está a la mitad del "ecuador" que divide un rostro. La punta de las orejas se alinea horizontalmente con la parte alta de los ojos, y la parte baja de aquéllos con la parte baja de la nariz. Igual hacen las pupilas de los ojos, esta vez en sentido vertical, respecto a las comisuras de la boca. Sin embargo, los rostros tienden a variar individualmente; así que esté atento. Recuerde que la paciencia y la práctica son claves para el éxito de una pintura— le recomiendo seguir sus estudios con *Step-by-Step Oil Painting*, de esta misma Editorial. ¡Y que siga pintando!

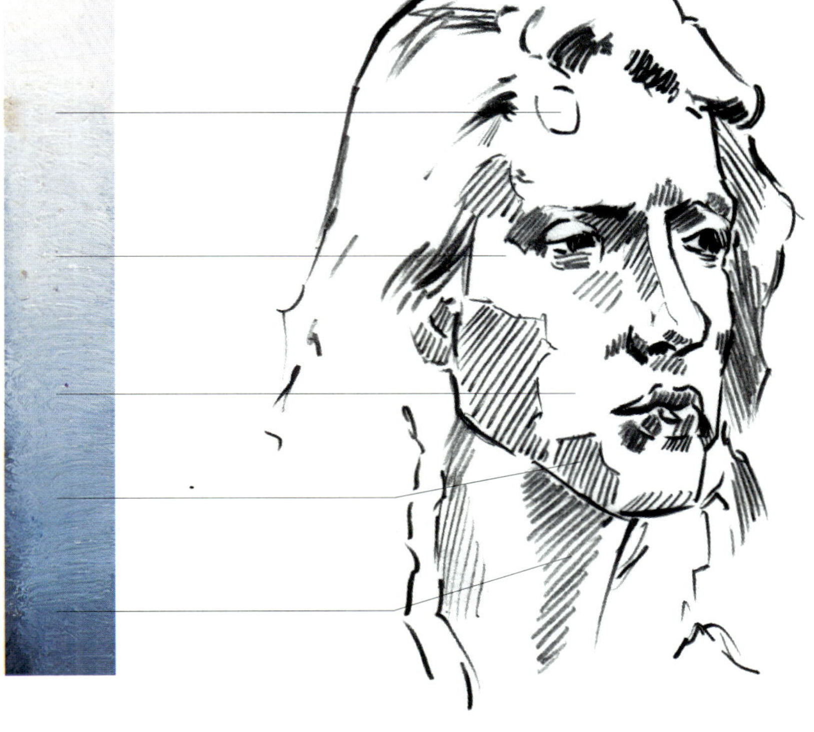

◄ **RECURRIENDO A LOS VALORES** La escala de valores muestra las diferentes gradaciones de azul ultramarino que necesité mezclar y, también, las respectivas zonas de aplicación. Juzgo más fácil mezclar de antemano los colores que voy a emplear la pintura. Gracias a ello, me evito las interrupciones, cada vez que necesito un nuevo color.

# Los libros de Walter Foster, ahora en castellano

**Libros** escritos e ilustrados por renombrados artistas para ayudar a quienes quieran conseguir un mayor nivel de experiencia . . .

**Los fundamentos** de las distintas técnicas artísticas, cómo dibujar o pintar los temas básicos, los diversos estilos . . .

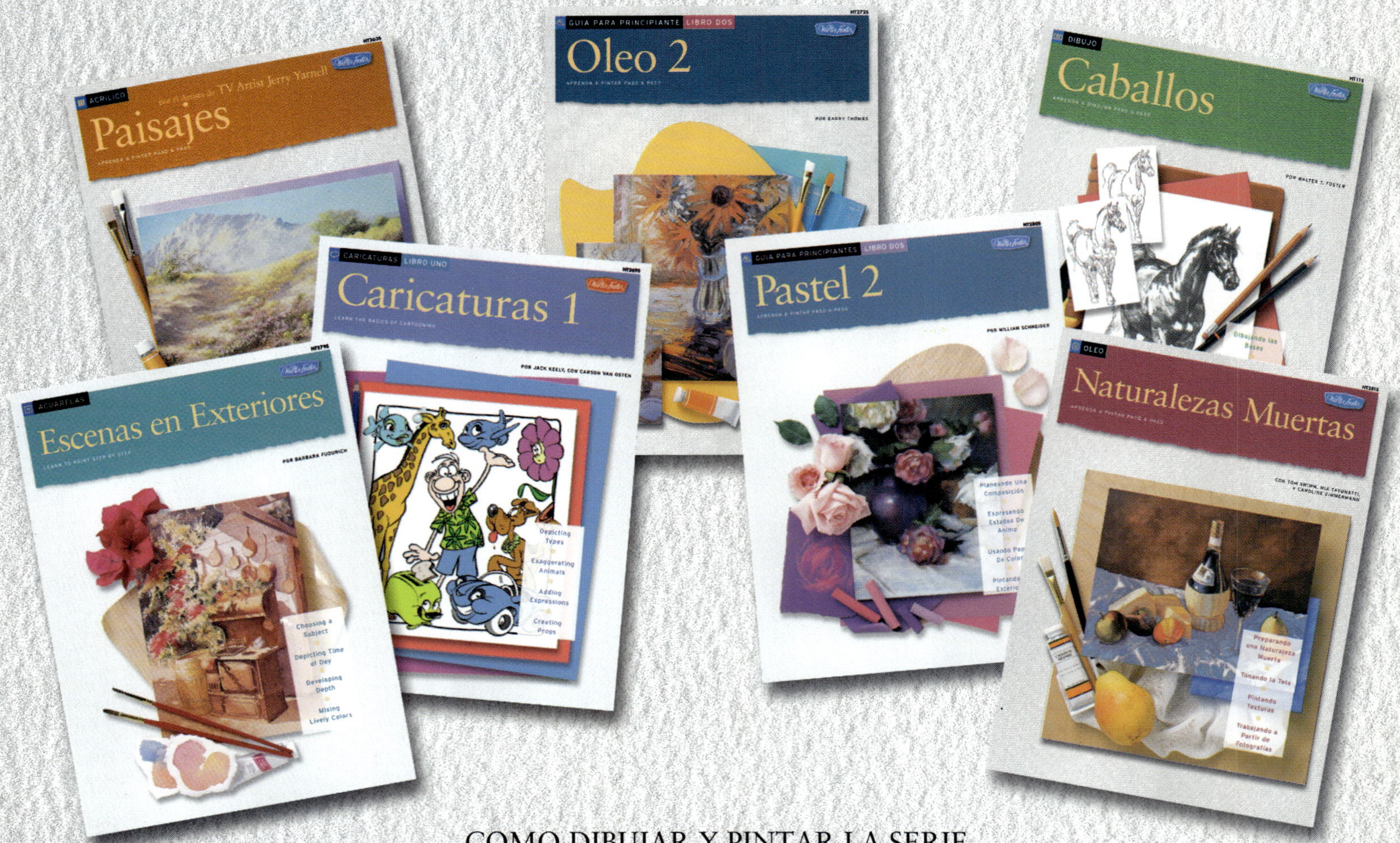


## COMO DIBUJAR Y PINTAR LA SERIE

HT1-S. Cómo Dibujar 1—*Walter T. Foster*
HT2-S. Cómo Dibujar 2—*Walter T. Foster*
HT5-S. El Arte de la Acuarela—*Walter T. Foster*
HT11-S. Dibujar Caballos—*Walter T. Foster*
HT20-S. Dibujar Figuras Femeninas—*Russell Iredell*
HT25-S. Animación Básica—*Walter T. Foster*
HT29-S. Dibujar Perspectiva—*Ernest Norling*
HT75-S. Flores Habilidades Básicas—*Claude Parsons*
HT172-S. Paisajes para Pintar—*William Palluth*
HT228-S. Caballos al Óleo—*Cindy Larimore*
HT237-S. Flores en Acuarela—*Shirle Bedient*
HT242-S. Paisajes al Pastel—*Ken Goldman*
HT243-S. Pintar con Lápices de Color—*Sandra Angelo*
HT255-S. Dibujar Flores—*William F. Powell*
HT263-S. Paisajes en Acrílico—*Jerry Yarnell*
HT264-S. Iniciándose en la Pintura al Óleo—*Robert Moore*
HT266-S. Iniciándose en el Dibujo—*Mike Butkus*
HT267-S. Dibujo 2—*William F. Powell*
HT268-S. Iniciándose en la Pintura al Pastel—*Ken Goldman*
HT269-S. Caricaturas 1—*Jack Keely*
HT270-S. Caricaturas 2—*Jack Keely*
HT271-S. Paso a Paso Acuarela—*Geri Medway*
HT272-S. Paso a Paso Pintura al Óleo—*Barry Thomas*
HT273-S. Iniciándose en La Pintura con Acrílicos—*Ken Goldman*
HT274-S. Acrílico 2—*Lori Lohstoeter*
HT275-S. Acuarela: Flores—*Joan Hansen*
HT276-S. Acuarela: Paisajes—*Rose Edin, Barbara Fudurich, Geri Medway, Carol Patterson*
HT277-S. Óleo: Paisajes—*Anita Hampton, Michael Obermeyer, William Schneider, Kevin Short*
HT278-S. Óleo: Luz en Paisajes—*Tom Swimm*
HT279-S. Acuarela: Escenas en Exteriores—*Barbara Fudurich*
HT280-S. Pastel 2—*William Schneider*
HT281-S. Óleo: Naturalezas Muertas—*Tom Swimm, Mia Tavonatti, Caroline Zimmermann*
HT282-S. Óleo: Escenas Callejeras Alrededor del Mundo—*Michael Obermeyer, Tom Swimm, Keith Wicks, Caroline Zimmermann*
HT283-S. Acrílico: Fauna Silvestre—*Pablo Domiguez, Rod Lawrence*
HT284-S. Dibujo: Animales Salvajes—*William F. Powell*
HT285-S. Acrílico: Caballos—*Elin Pendleton*
HT286-S. Dibujo: Mascotas—*Mia Tavonatti*
HT287-S. Acrílico: Naturalezas Muertas—*Nathan Rohlander*
HT288-S. Acrílico: Escenas Alrededor del Mundo—*Tom Swimm*

WALTER FOSTER PUBLISHING, INC.
3 Wrigley, Suite A
Irvine, California 92618 USA
Main Line 949/380-7510
Fax 949/380-7575
Toll Free 800/426-0099



www.walterfoster.com

*Revised 12/17/08*